史家之绝唱

无韵之离骚

少年读史记故事

士人绝唱

沈忱 编著

北方联合出版传媒(集团)股份有限公司
万卷出版公司

ⓒ 沈忱 2021

图书在版编目（CIP）数据

少年读史记故事.士人绝唱 / 沈忱编著. — 沈阳：万卷出版公司，2021.1（2021.9重印）

ISBN 978-7-5470-5550-2

Ⅰ.①少… Ⅱ.①沈… Ⅲ.①中国历史－古代史－纪传体②《史记》－少年读物 Ⅳ.①K204.2-49

中国版本图书馆CIP数据核字（2020）第245049号

出 品 人：王维良
出版发行：北方联合出版传媒（集团）股份有限公司
　　　　　万卷出版公司
　　　　　（地址：沈阳市和平区十一纬路25号　邮编：110003）
印 刷 者：辽宁新华印务有限公司
经 销 者：全国新华书店
幅面尺寸：145mm×210mm
字　　数：120千字
印　　张：6
出版时间：2021年1月第1版
印刷时间：2021年9月第4次印刷
责任编辑：齐丽丽
责任校对：张兰华
装帧设计：范　娇
封面设计：Amber Design 琥珀视觉
ISBN 978-7-5470-5550-2
定　　价：28.00元
联系电话：024-23284090
传　　真：024-23284448

为什么要读《史记》?

两个为什么

现在,我要开始写这本书;而你,要开始读这本书。

我们面临一个共同的问题——

对我来说,是:"我为什么要写这本书?"

对你来说,是:"你为什么要读这本书?"

只要知道了"你为什么要读这本书",也就知道了"我为什么要写这本书",以及应该怎样写,应该突出什么、避免什么……

可以说,"你的问题"是解开"我的问题"的钥匙。

是啊,我们为什么要读《史记》呢?在我读过的所有书中,这本书的枯燥程度,大概仅次于《黄帝内经》了。

当然,我指的是还没入门的时候。一旦入了门,就好像进入了一座宫殿,枯燥、干巴的句子,瞬间优美起来;还跟上网的"超链接"一样,能让你从这个句子联想到其他典故,大脑自动点击"链接"，就进入了另一个世界……

但要到那程度，估计你都上大学了。现在，《史记》对你来说，依然十分枯燥。书里提到的名人，不说上万，几千总有吧？就算专家，也未必能全记住。

我从哪里来

这么枯燥，我们干吗还看它呢？

因为，随着年龄的增长，你一定会问一个问题。

我是从哪里来的？

我是爹妈生的。

爹妈是从哪里来的？

爷爷奶奶、姥姥姥爷生的。

他们又是从哪里来的？

祖先繁衍的。

祖先又是从哪里来的？

——问到这里，你爸妈估计快崩溃了。

还好，他们想到了《史记》。

答案就在这本书里。

《史记》里寻根

《史记》的第一篇，叫《五帝本纪》；里面讲的第一个人，就是我们共同的祖先之———黄帝。

我们都是炎黄子孙，这个"炎黄"，指的是炎帝、黄帝，他们是黄河流域最早的两大部落首领；在炎黄的基础上，繁衍了"华夏族"；在华夏族的基础上，形成了中华民族。

为了说得清楚一点儿，我举个例子。

我姓高，山东人。山东古称齐鲁，齐、鲁是周朝的两个诸侯国，齐国第一任国君是姜太公。

通过研究史料，我发现，高姓，大多是姜太公的后裔。姜太公的子孙后代，最主要的是姓姜和吕，也有其他分支——多达二十来个，其中就有"高"。

姜太公的后代为什么不全都姓姜，还分出那么多姓？

因为古人使用姓的时候，很不规范；有的根本就没姓，甚至连名都没有。其原因很简单：人少。

高姓，源自姜姓，而姜是炎帝的姓氏。所以，这一姓氏最初的源头，就是炎帝。

于是，通过看《史记》，结合其他史料，我知道我是从哪里来的了；对着小伙伴们炫耀一下，还是很有自豪感的。

祖先在哪里

我找到答案了。可是，你还没有。那么，看《史记》吧！一定要注意里面千奇百怪的姓名，说不定，就和你有关！

不过，还有个问题没解决。

万一别人说："中国十几亿人口，怎么偏偏你是炎帝（或者某位名人）的后代？"

一开始我也有这个困惑。后来，我想通了。

你听说过"填满棋盘64格大米"的故事吧？皇帝要感谢农夫。农夫说，你把这个棋盘填满就行了。怎么填呢？第一格，放1粒大米；第二格，放2粒；第三格，放4粒；第4格，放8粒……总之，下一格翻一倍，就行了。

皇帝一听，这简单！没想到，算到第64格，全国的大米都放进去，也不够……

人类的繁衍是同样的道理，一个生两个，两个生四个，四个生八个……只要环境能够承受、没有意外灾害，会呈"几何级数增长"。几千年前一个几十人的小姓，到现在发展成几千万人，很正常。

好了，现在，让我们一起开始《史记》的"探索之旅"吧！

- 序言

- 远交近攻：范雎的故事（范雎蔡泽列传）

- 合纵攻齐：乐毅的故事（乐毅列传）

- 负荆请罪：廉颇蔺相如的故事（廉颇蔺相如列传）

- 奇货可居：吕不韦的故事（吕不韦列传）

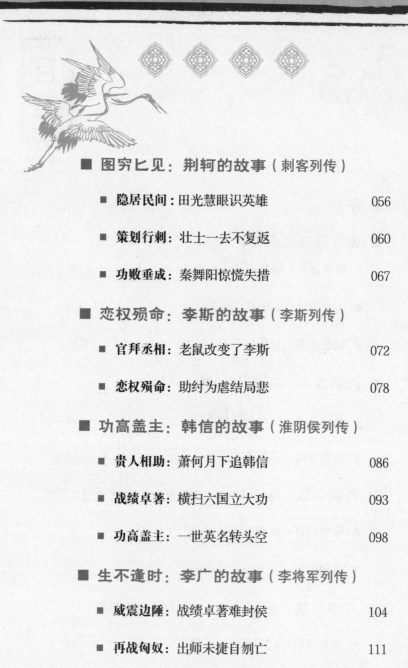

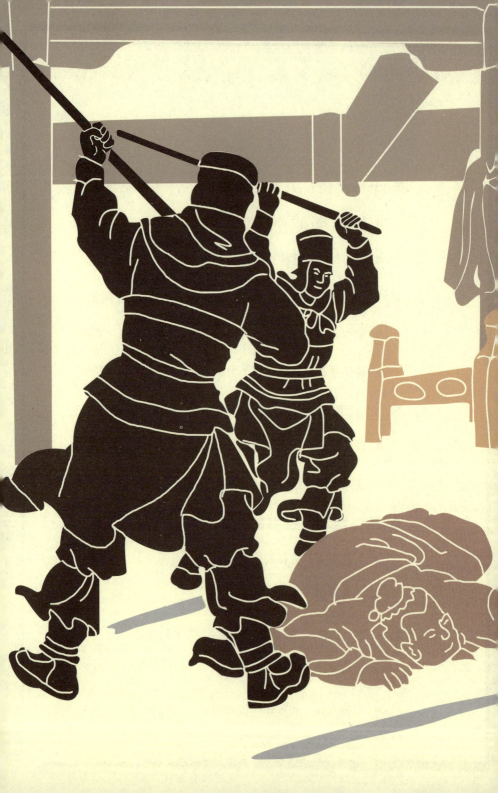

远交近攻：范雎的故事

范雎蔡泽列传

为了复仇，范雎远走他乡。

远交近攻，成就了范雎一生的辉煌。但在光鲜的背后，却隐藏着范雎的悲伤与愤怒。

死里逃生：惨遭侮辱走他乡

范雎为什么差点被魏齐打死？

🟠 魏国受辱，诈死逃生

一阵阵哀号断断续续地从宰相魏齐府中传出，有好事者忍不住向魏齐的门客打听。门客淡淡地说："那是范雎在挨打呢。"

范雎（jū）原本是魏国中大夫须贾（gǔ）的门客，几个月前与须贾一起出使齐国。齐襄王听说范雎口才出众，便送来了十斤黄金和一些酒肉。范雎不敢接受，须贾却以为范雎暗中将魏国的机密透露给了齐国才得到这样的好处，心中恼怒，便将此事报告给魏国宰相魏齐。

范雎回国后，魏齐趁着宴请宾客的机会，命人将范雎摁在地上暴打。范雎被打得满脸是血，肋骨断了几根，无法动弹。一看魏齐仍不打算罢手，范雎干脆躺在地上装死。

魏齐打了半天，发现范雎一动不动，便命人将范雎用芦席卷了扔进厕所。随后，喝醉酒的宾客们又故意羞辱范雎，尿在范雎的身上。

　　眼看周围再无外人，范雎挣扎着从芦席中探出头，对负责看守他的下人说："您要是能救我出去，我一定重谢！"

　　那下人见范雎如此可怜，便答应了。

　　没过多久，下人借魏齐酒醉故意问："裹在芦席中的死人是否要扔掉？"

　　魏齐脱口而出："赶紧扔了！"

　　就这样，裹在芦席中的范雎，终于逃出了魏齐的府第。

　　没过几天，魏齐听说范雎没死，非常懊恼，命人四处抓捕。此时，魏国人郑安平听说了范雎的悲惨遭遇，心有不忍，便找到重伤未愈的范雎帮他逃走。为躲避追捕，范雎不得不化名为张禄。

> **画外音**：范雎的悲剧，源于一场误会。在生死关头，范雎依然临危不乱，想出了逃生之道，足见他谋略之高。

◎ 逃出魏国，却遭遇冷落

不久，秦昭襄王派王稽出使魏国。范雎得知这一消息后，认为可以利用这个机会离开魏国前往秦国。于是，他让郑安平假扮成差役去服侍王稽。

果然，郑安平周到的服务令王稽非常满意。王稽便问郑安平："魏国可有贤人能与我一起前往秦国？"

郑安平回答："我有个同乡名叫张禄，才高八斗，能与先生纵论天下大势。不过他的仇家正在到处找他，因此不便在白天相见。"

王稽一听非常高兴，便让郑安平安排，在晚上与范雎见了面。两人没聊多久，王稽喜出望外，认定这位"张禄"是个奇才，便将范雎藏在车中，一起离开魏国后来到了秦国。

王稽见到秦昭襄王后，告诉秦昭襄王找到了一位大贤士。王稽告诉秦昭襄王："这位名叫张禄的贤士说，目前秦国正处于危难之中，如果有他的辅佐必定能渡过难关。另外，仅凭上书说不清楚，必须面谈才行。"

没想到秦昭襄王对此非常不满，认为范雎是在虚张声势，目的是想得到好的待遇。一气之下，秦昭襄王故意将范雎安排在下等的客舍中，每天只能吃到些蔬菜。

就这样，范雎到了秦国一年多，不但没能见到秦昭襄王，而且还在客舍中处处被人笑话。不过，范雎并没有因此打算离开秦国。在他的心中，只要有一次机会，他就一定能改变自己的命运。

【原著精摘】

当是时，昭王已立三十六年。南拔①楚之鄢、郢，楚怀王幽死②于秦。秦东破齐。湣王尝称帝，后去之。数困三晋。厌天下辩士，无所信③。

【注释】

①拔：攻克。

②幽死：被拘禁而死。

③无所信：不相信那些人。

【译文】

当时，秦昭襄王已经即位三十六年。秦国在南边攻克了楚国的鄢、郢，楚怀王在秦国被囚禁而死。秦国在东面击败齐国，迫使此前称帝的齐湣王取消了帝号。秦国还多次击败韩、赵、魏三国。秦昭襄王此时讨厌那些说客，不相信他们。

远交近攻：奇谋迭出佐秦王

范雎是如何得到秦昭襄王赏识的？

◉ 一封书信和一番谈话，改变命运

在这一年，秦国的局势发生了很大的变化。穰侯魏冉、华阳君、泾阳君、高陵君倚仗太后的袒护，疯狂扩充自己的实力并攫取财富，其富有程度甚至超过了秦国王室。不但众多

秦国大臣非常担心，秦昭襄王对此也非常不满，但苦于没有法子解决。

此时，困居秦国的范雎也敏锐地发现了秦国正面临的这一难题。于是，他给秦昭襄王写了一封信。范雎在信中说，富可敌国的士大夫，往往攫取私利；富可敌国的诸侯往往会攫取国家之利。但贤明的君主必定不会让诸侯独大。这番话实际上指出了秦昭襄王当下面临的难题。

范雎还在信中说，只要能与秦昭襄王相见，面对面说出自己的方法，就一定能解决问题，否则甘愿服罪受死。

秦昭襄王看到这封信后，心中大喜，立即让王稽向范雎表达自己的歉意，并请范雎到王宫与自己相见。遭受一年的冷遇后，范雎终于见到了秦昭襄王。

画外音：范雎在秦国遭受冷落，但仍非常关注秦国局势的发展。因此，在秦国内部出现混乱之际，他才能抓住机会向秦昭襄王上书，切中要害，终获得秦昭襄王的召见，从而为改变自己的命运创造了机会。

◉ 远交近攻，国力大增

秦昭襄王与范雎相见后非常高兴，他言辞恳切，希望范雎能指点迷津，为秦国找到出路。对此，范雎直言不讳。他认为秦国地理位置独特，攻守两利，足以称霸天下。但秦国却错失大好时机，

闭关锁国，不敢对外进行扩张，其根本原因在于以穰侯魏冉为首的大臣们只顾私利，没有为国尽心尽力，而秦昭襄王自己也犯了重大错误。

范雎说，穰侯魏冉企图越过韩国和魏国去攻打齐国的纲寿地区，这是非常错误的决定，不但不能击败齐国，反而会损害秦国的利益。而秦昭襄王想拉拢韩国和魏国来协助秦国的思路也不切实际。正确的做法应该是远交近攻，与距离较远的国家搞好关系，去攻打邻近的国家。只有这样才能扩大疆域，增强秦国的实力。

对于范雎提出的"远交近攻"的主张，秦昭襄王异常惊喜，连连称赞。此后的两年间，秦国依照范雎提出的建议，派五大夫绾（wǎn）攻打魏国并占领怀邑，后来又夺取了邢丘，秦国的国力得到了极大增强，而范雎也因此得到了秦昭襄王的信任。

◉ 铲除权臣，官拜国相

数年后，秦国的国力大大增强，不过，以穰侯魏冉为首的权臣们依然把持了秦国大部分朝政。对此，范雎十分担忧，去求见秦昭襄王。

范雎说："我在魏国时，只知道齐国有田文而不知道齐王，知道秦国有太后、穰侯、华阳君、高陵君和泾阳君，却不知道秦王是谁。独掌朝政、兴利除害、拥有生杀大权的人才能被称为王，但如今秦国的情况却并非如此。

"在秦国，太后独断专行、肆无忌惮；穰侯离开秦国从来不向秦王汇报；华阳君、泾阳君随心所欲进行赏罚；高陵君任免官吏从不请示。四大权贵齐聚一国，难以想象国家会稳定。满朝文武都惧怕四人的淫威，他们心中哪还有大王？大权又怎能不旁落？大王的政令又如何能贯彻和执行？这样下去，迟早有一天国将不国，夏、商、周的灭亡也都源于此。我担心等大王百年之后，秦国将不再由您的子孙来继承王位了！"

范雎的一番话，让秦昭襄王惊出一身冷汗，于是他下令废掉太后，将穰侯、高陵君、华阳君、泾阳君逐出国都并派人监视。秦国的国家大权完全回到了秦昭襄王的手中，范雎也因此被拜为秦国的国相，封为应侯。

画外音：范雎的高明之处在于，他找到了秦国的主要矛盾：国君与权臣之间的权力争夺，为秦昭襄王提出了强化王权的方法，因此得到了秦昭襄王的重用。

【原著精摘】

诸侯见齐之罢弊，君臣之不和也，兴兵而伐齐，大破之。士辱兵顿，皆咎其王，曰："谁为此计者乎？"王曰："文子为之。"大臣作乱，文子出走。故齐所以大破者，以其伐楚而肥①韩、魏也。此所谓借贼兵而赍②盗粮者也。王不如远交

而近攻，得寸则王之寸也，得尺亦王之尺也。今释此而远攻，不亦缪③乎！

【注释】

①肥：使受益。

②赍：资助。

③缪：荒谬。

【译文】

　　各大诸侯国看到齐国国力衰落，君臣不和，发兵进攻，齐国遭遇惨败。齐国将士悲愤交加，将矛头指向齐王，说："当初是谁策划攻打楚国的？"齐王回答："是田文策划的。"大臣们发动叛乱，田文被迫流亡。所以说齐国失败的原因在于齐国伐楚只是给韩国和魏国带来了好处。这就好比将兵器借给了强盗，把粮食交给了盗贼。大王不如实行远交近攻的战略，这样攻占了一寸土地就是大王您增加了一寸土地，得到了一尺土地就是大王您获得了一尺土地。如果不这样做，反而要去进攻离秦国很远的齐国，这不是很荒谬的事情吗？

恩怨分明：复仇报恩永不忘

带着问题读《史记》

范雎是如何复仇和报恩的？

◎ 睚眦必报，绝不手软

范雎在秦国官至相国，却一直没有将自己的真实姓名公之于众。因此，秦国人依然称他为张禄。魏国人对此更是一无所知，以为范雎早就死了。

几年后，魏国听说秦国即将发兵进攻自己，连忙派须贾出使秦国。范雎得知须贾来到秦国，立即换上破旧的衣服来到驿馆去见须贾。

看到范雎依然活着，须贾非常吃惊。范雎告诉须贾，自己偷偷跑到了秦国并在此地当差役。须贾趁机向范雎问起秦国相国张禄的情况。

范雎哈哈一笑，说自己的主人与张禄很熟，自己可以驾车直接带他去找张禄。

随后，范雎便驾车带着须贾来到了相国府。门客见范雎亲自驾车，心中狐疑，但又不便发问，只得纷纷避开，任由范雎来到大门口。

这时，范雎又对须贾说，自己进去通报，让他在门口等候。须贾等了半天，不见范雎出来，便问门口的差役："范雎去了哪里？"

差役回答道："这里没有范雎这个人。"

须贾道："就是刚才进去的那个人啊！"

差役道："他不是范雎，是我们的相国张禄！"

须贾大惊失色，才知道自己被范雎愚弄，但又不敢得罪他，只好赤身跪行，请差役代自己向范雎请罪。这时，府门大开，范雎端坐在帷幕之中。差役们将须贾请进了相国府。

须贾诚惶诚恐，连称死罪。范雎说道："你有三条罪。当年你对我无端猜疑，认为我私通齐国，这是第一罪；魏齐将我扔在厕所肆意侮辱，你却不加制止，这是第二罪；众人向我身上撒尿，你无动于衷，这是第三罪。不过，看在同乡的分上，我不杀你。"

此后，范雎又安排了盛大的宴会，并邀请了各诸侯国的使者参加，还特意通知了须贾出席。

酒席宴间，范雎命人将须贾安排堂下就座，又派两个囚犯挟持着须贾，逼着须贾吃马的草料，并当众讥讽他。同时，范雎还向须贾说："替我转告魏王，立即将魏齐的人头奉上，否则秦国大军将灭了魏国！"

最终，魏齐被逼得走投无路，只好自刎而死，范雎大仇得报。

画外音： 早年在魏国受辱的悲惨经历，改变了范雎的性格。为了洗刷耻辱，他才疯狂报复。

◎ 一饭之德，永世不忘

范雎当上了秦国的相国，而当年将自己带到秦国的王稽仍然是个小小的谒者。王稽找到范雎，希望范雎有所回报。尽管范雎对此并不高兴，但第二天还是面见了秦昭襄王，极力举荐王稽。

在范雎的力荐下，王稽被晋升为河东太守，三年之内不用向朝廷上报政绩。

此后，范雎又向秦昭襄王推荐了郑安平。郑安平被任命为将军。

数年之后，秦国与赵国爆发战争。范雎用离间计诱使纸上谈兵的赵括接替猛将廉颇担任赵军统帅。最终，秦国主帅白起大败赵括，取得了长平之战的胜利。

随后，范雎与白起有了矛盾，便向秦王进言将白起杀死。范雎推荐郑安平接替白起担任秦军统帅。谁知郑安平在战斗中被赵军击败，带着两万士兵投降了赵国。

按照秦国的法律，郑安平投敌，推荐人范雎应被灭三族。不过，秦昭襄王不愿处罚范雎这位有功之臣，下令国人不得再提郑安平一案，违者一律处死。范雎就这样平安渡过了人生中的第二次危机，继续担任秦国相国。

没过两年，河东太守王稽因为与诸侯勾结被处死。范雎得知后，心中惴惴不安，从此有了急流勇退的念头。

⊙ 看准时机，急流勇退

没过多久，燕国人蔡泽来到秦国。为了见到范雎，他到处散播消息，说一旦自己见到秦王就将顶替范雎担任相国，这使得范雎非常不满。于是，他便命人将蔡泽带到自己的府第问话。

范雎问："听说你一直扬言会接替我担任相国，有没有这回事？"

蔡泽坦然回答："有。春去秋来，这是自然规律。成功之人应该知道急流勇退才是延年益寿之道，先生

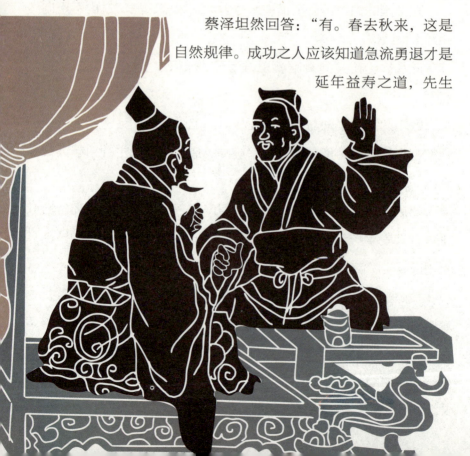

应该更能明白这个道理。"

蔡泽继续说："秦国的商鞅、楚国的吴起、越国的文种，都是大才之人，立下不世之功，但最终却遭受灭顶之灾。如今的秦王远远不及秦孝公、楚悼王、越王勾践，而您在秦国的地位却超过了商鞅、吴起和文种。长此以往，您对秦王的威胁远远大于之前三人。所谓盛极而衰，如果犹豫不决，必将重蹈商鞅等三人覆辙。希望先生三思！"

蔡泽之语，使范雎豁然开朗，没过几天，范雎便向秦昭襄王推荐了蔡泽。又过了没几天，他又借口病重辞去了国相之职，回到自己的封地，安度余生。

【原著精摘】

范雎于是散家财物，尽以报所尝困厄者①。一饭之德必偿，睚眦②之怨必报。

【注释】

①所尝困厄者：曾经与自己共患难的人。

②睚眦：怒目而视，借指很小的怨恨。

【译文】

范雎于是散尽家中的财物，用来报答那些曾经与自己共患难的人，哪怕是一顿饭的恩惠他都会报答。同样，只要是瞪过他一眼的小怨小仇，他也一定进行报复。

合纵攻齐：乐毅的故事

乐毅列传

危难时刻，乐毅有了一展身手的机会。名震天下，却令乐毅遭受猜忌，他不得不远走他国。

名震天下：合纵四国伐齐国

带着问题读《史记》

魏国的使者乐毅为何会被燕昭王看中？

献策攻齐

燕昭王宫殿门前，不少大臣聚在一起议论纷纷。

一大臣说："大王在宫中和谁交谈，许久不召见咱们？"

另一大臣回答："听说他正在和亚卿乐毅交谈，已经谈了一整天，到现在还没有结束，可见是出了大事。"

还有一大臣说："乐毅？那位魏昭王的使者？听说他到了燕国后，大王对他欣赏有加，最终将他请到咱们国家做官。看来此人还真有两下子。"

的确，此时的乐毅正在和燕昭王就燕国的周边局势及齐国的动向进行着一番深入的讨论。

原来，齐国的实力在数年前达到巅峰。齐湣（mǐn）王不仅在重丘重创楚国，又在观津击溃魏国和赵国的军队，随后又联合韩国、赵国、魏国攻打秦国，并协助赵国灭了中山国和宋国，疆域扩展了一千多里，成为诸侯国中的霸主。

不过，齐湣王残暴不仁，激起民愤，国内局势一片混乱。与齐国有宿怨的燕昭王认为向齐国发动进攻的时机已到，但又担心燕国国小力弱，无法对抗强大的齐国，便找了乐毅问策。

乐毅，本是将门之后，父亲乐羊曾是魏国将领。乐毅从小就酷爱兵法，曾在赵国为将。后来他又离开了赵国回到魏国，并作为魏昭王的使者出使到燕国。

燕昭王发现乐毅见多识广、才智过人，便以贵宾之礼隆重接待他，想让乐毅投靠燕国。功夫不负有心人，乐毅终于被燕昭王感动，表示愿意报效燕国。燕昭王大喜，随即任命乐毅为亚卿。

此时，燕昭王将自己的想法毫无保留地告诉了乐毅，希望乐毅能为自己想一个好办法。

乐毅沉吟良久，对燕昭王说："齐国称霸一时，疆域辽阔，人口众多，仅凭燕国的实力不是齐国的对手。如果大王下定决心攻打齐国，那就必须联合赵国、楚国及魏国的力量。几个国家齐心协力，唯有这样才能击败强大的齐国。"

燕昭王哈哈大笑，脱口而出："就这么办！咱们马上着手准备。"

没过几天，燕昭王便派乐毅出使赵国与赵惠文王结盟，又请赵惠文王出面邀秦国参加联盟。同时，燕昭王又派其他使者前往楚国和魏国。这几个诸侯国都非常痛恨齐湣王的残暴，讨伐齐国的联盟迅速成立。

◉ 连战连捷

没过多久，四国的使者齐聚燕国，赵惠文王的使者还带来了赵国相国的印绶交给乐毅，将乐毅拜为赵国的国相。

经过一番商议，五国一致确定由乐毅担任联军的统帅。战前，燕昭王举行了盛大的仪式，拜乐毅为上将军，统一指挥赵国、楚国、韩国、魏国和燕国的军队。

齐湣王得知五国联军进攻齐国，亲率主力赶至济水一线，双方随即展开了一场决战。经过一番较量，五国联军大败齐军。

眼看齐军败退，乐毅趁机率领燕国军队一路追击，很快兵临齐国都城临淄城下。齐湣王见势不妙，逃往莒（jǔ）城固守，临淄很快被乐毅攻陷。大军入城后，乐毅下令将临淄城内的齐国财宝和礼器运回燕国。

得知乐毅大胜，燕昭王异常兴奋，亲自来到济水一带，犒赏三军将士，册封乐毅为昌国君，带着大批的俘虏和财物回国。同时，燕昭王还下令让乐毅继续进攻齐国境内仍在抵抗的城邑。

经过五年征战，乐毅一共攻占齐国城邑七十多座，并将其纳入燕国的管辖范围。齐国土地大片沦陷，仅剩下莒城和即墨二城尚在齐王手中。

乐毅认为单凭武力无法使齐国人降服，便决定对莒城和即墨二城围而不攻，对已占领的齐国城邑采取恩威并施的策略——减免赋税，废除苛政，尊重齐人风俗，录用齐国人才。一时间，就连齐国人也对乐毅敬佩不已。从此，乐毅名震天下。

画外音： 如何削弱和消灭比自己实力更为强大的对手，乐毅想出了一个好办法：合纵，即联合其他国家组成联盟，共同对敌。这也成了后来弱国对抗强国的最佳方式。

【原著精摘】

乐毅贤，好兵①，赵人举②之。及武灵王有沙丘之乱，乃去赵适魏。闻燕昭王以子之之乱而齐大败燕，燕昭王怨齐，未尝一日而忘报③齐也。燕国小，辟远，力不能制，于是屈身下士，先礼郭隗以招贤者。乐毅于是为魏昭王使于燕，燕王以客礼待之。乐毅辞让，遂委质④为臣，燕昭王以为亚卿，久之。

【注释】

①兵：军事。

②举：推荐，提拔。

③报：报仇。

④委质：臣子向君主敬献礼物。

【译文】

乐毅非常贤能，喜好军事，赵国人举荐他做官。到了赵武灵王经历沙丘之乱后，他离开赵国去了魏国。他听说燕昭王因子之执政引发内乱，被齐国打败，非常怨恨齐国，念念不忘向齐国复仇。燕国是个弱国，偏处一隅，国力不如齐国。燕昭王折节礼贤下士，以上宾之礼厚待郭隗（wěi），以招揽天下贤士。乐毅就在此时奉魏昭王之命出使燕国，燕王以宾客之礼接待他。乐毅推辞谦让，后来向燕昭王敬献礼物表示愿意献身做臣下，燕昭王任命他为亚卿，他担任了很长时间这个职务。

功败垂成：洋洋千言辩是非

带着问题读《史记》

大好形势为何被葬送？

◎ 临阵换将

就在乐毅竭尽全力降服齐人、壮大燕国声势之时，燕昭王突然病逝，其子燕惠王继位。燕惠王在做太子之时曾与乐毅有过矛盾，天下皆知。

此时，齐国将领田单终于想出了一个除掉乐毅的好办法。他派人前往燕国到处散播消息，说莒城和即墨二城之所以未能被乐毅攻陷，是因为乐毅故意拖延，想要脱离燕国自己称王。

田单的这个离间计果然奏效。原本就担心乐毅功高盖主的燕惠王心生疑惑，听到这个消息后信以为真，连忙派大将骑劫顶替乐毅担任燕军主帅，并下令召乐毅回国。

燕惠王临阵换将的做法，令乐毅惊慌不已，担心自己一旦回到国内将被燕惠王所杀。无奈之下，乐毅离开军营后并没有回到

燕国，而是向西逃到了赵国。

乐毅的到来，令赵王喜出望外。他下令将观津之地封赏给乐毅，尊奉乐毅为望诸君，同时，给了乐毅最高的礼遇，并对乐毅宠信有加。从此，乐毅便安心地留在了赵国。

燕惠王临阵换将，带来的结果是灾难性的。接替乐毅担任主帅的骑劫在与田单作战时遭遇惨败。随后，齐军一路追杀，不仅收复了被燕国占领的城邑和国都临淄，还将燕军赶至黄河一带，乐毅数年征战获得的成就毁于一旦。

> **画外音**：乐毅在阵前被撤换，虽然与田单的计策有关，但燕惠王对乐毅的猜忌才是最关键的因素。燕惠王担心乐毅功高盖主，故临阵换将，导致功败垂成。

◉ 千言自辩

骑劫的失利，不仅使乐毅数年的心血化为泡影，同时也令燕国元气大伤。此时，燕国不但要担心齐国的报复，还要提防昔日的盟友赵国，担心赵国会替乐毅出气而出兵燕国。

无奈之下，燕惠王派人来到赵国面见乐毅，对自己当初撤掉乐毅的官职导致战事失利的行为道歉，但同时又对乐毅的离开进行指责。

燕惠王通过使者对乐毅说："先王曾经将举国之兵都交给了将军，将军后来大败齐国，为先王复了仇，天下震动。我也从来没有忘记您的功绩。而我用骑劫代替了将军，是因为听了手下随从的建议，担心将军过度操劳，所以才命将军回国休养调息。而将军却误信传言，认为与我有嫌隙，反倒抛弃燕国去了赵国。将军这样做，如何对得起先王对将军的知遇之恩呢？"

使者的言论，令乐毅非常气愤。他认为燕惠王避重就轻、颠倒黑白，将责任都推到了自己身上，便写信进行反击。

乐毅在信中回顾了当年与燕昭王深厚的君臣之谊，表达了自己对燕国的一片忠心和被迫离开的无奈。

乐毅写道："保住性命，建立功业，证明先王用我是正确的，这对我而言是上策。遭受侮辱和诽谤，败坏先王的英名，这是我十分害怕的事情。而如今我却背负了莫须有的罪名，这是令人非常痛心的。"

乐毅又列举了很多事实，对燕惠王的谎言进行了一一驳斥。乐毅最后说："我听说古代的君子，即使与人断交也不会说别人的坏话；忠臣不得已离开祖国，也不会为自己的名誉清白而辩解。我虽然无才无德，但却经常受到君子的教诲。我担心您听信身边人的不实之言，无法体察我的苦心，所以写了这封回信，希望您能明白我的苦衷。"

使者带着这封信回到燕国，燕惠王看完乐毅的来信，羞愧不已，下令将乐毅的儿子乐间封为昌国君，诚心诚意向乐毅示好。乐毅也原谅了燕惠王，恢复了与燕国的来往。此后，燕国和赵国都将乐毅奉为客卿，两国之间也建立了多年的友好关系。不过，乐毅最终还是死在了赵国。

【原著精摘】

臣闻贤圣之君，功立而不废，故著于春秋①；蚤知之士②，名成而不毁，故称于后世。若先王之报怨雪耻，夷③万乘之强国，收八百岁之蓄积，及至弃群臣之日，馀教未衰，执政任事之臣，修法令，慎庶孽④，施及乎萌隶，皆可以教后世。

【注释】

①著于春秋：被历史所铭记。

②蚤知之士：有先见之明的人。

③夷：打败。

④庶孽：嫔妃、小妾生下的儿子，这里泛指燕昭王的孩子们。

【译文】

我听说贤明的君主能建功立业而长盛不衰，因此被历史所铭记；有先见之明的人能闻名天下而长久不败，所以被后世所流传。先王报仇雪耻，击败万乘之国，夺取了齐国八百年来积存的宝物。到他临终之际，还留下了政令和训示，帮助掌权的大臣制定法令律条，慎重对待自己的孩子，将恩泽推及广大百姓身上，这些功绩足以垂范后世。

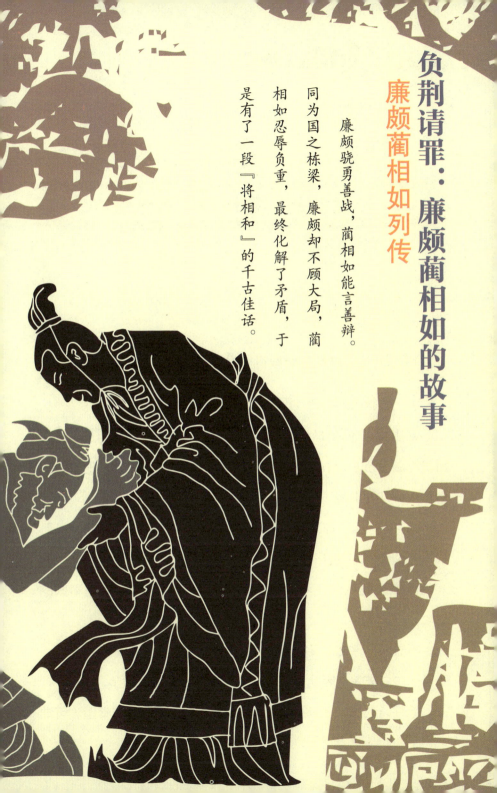

负荆请罪：廉颇蔺相如的故事

廉颇蔺相如列传

廉颇骁勇善战，蔺相如能言善辩。同为国之栋梁，廉颇却不顾大局，蔺相如忍辱负重，最终化解了矛盾，于是有了一段『将相和』的千古佳话。

完璧归赵：蔺相如不辱使命

🔶 **带着问题读《史记》**

蔺（lìn）相如为何能两次羞辱秦王？

🔶 和氏璧换十五座城池

赵惠文王十六年（公元前283年），廉颇被任命为赵国统帅讨伐齐国。经过一番血战，廉颇攻占齐国重镇阳晋，威震一时。战后，他也被晋升为上卿。

就在这一年，赵惠文王得到了楚国和氏璧。秦昭襄王听说后，派人来到赵国，提出用十五座城池来交换。秦国是当时最为强大的国家，赵惠文王不敢得罪，担心一旦拒绝将会遭到秦国的进攻。

不过，赵惠文王又担心一旦交出和氏璧，秦国耍赖不给城池，使自己白白被骗。因此，他便找来廉颇等大臣商议对策。

最终，赵惠文王决定派使者带着和氏璧一起出使秦国。可谁能不辱使命呢？赵惠文王想来想去，都没有找到合适的人选。于是，他只能眼巴巴地看着殿前的文武官员。

一旁的宦官缪（miào）贤终于开口了："我的门客蔺相如可以作为使臣出使秦国。"

"你怎么知道这个蔺相如可以胜任呢？"赵惠文王脱口而出。

缪贤回答："以前我犯过罪，想逃往燕国避祸。当时蔺相如问我如何肯定燕王会接纳我，我回答说燕王曾经亲口说过要与我交朋友，彼此相互信任。蔺相如则说那是因为燕国畏惧赵国，所以燕王想和我交朋友。如今我一旦背叛赵国，燕王不敢因我而与赵国为敌，一定会将我送回赵国。蔺相如还建议我去向大王请罪，这样或许会受到宽恕。最后我按蔺相如的话做了，大王也真的赦免了我。由此可以看出蔺相如这个人心思缜密，有先见之明。"

赵惠文王一听，点点头，没过几天派人将蔺相如召到宫中。

赵惠文王问蔺相如："秦王要用十五座城池来换和氏璧，我们应不应该答应？"

蔺相如回答："赵国的实力不如秦国，不能不答应。"

赵惠文王又问："如果秦王拿走了和氏璧又不给城池，我们又当如何？"

蔺相如说："秦国用城池来换和氏璧，赵国不答应就理亏；

但如果赵国给了和氏璧，秦国耍赖，那就是秦国理亏。二者相比，让秦国理亏方为上策。"

赵惠文王点点头，又问："谁又能带着和氏璧出使秦国而不辱使命呢？"

蔺相如沉吟片刻，言语坚定地对赵惠文王说："如果大王没有其他人选，不如就让我去出使秦国吧。如果没有换来秦国的城池，我也一定会将和氏璧带回赵国！"

赵惠文王欣慰地一笑，说："好，就这么办！"

完璧归赵

过了几天，蔺相如带着和氏璧来到秦国，在离宫内的章台得到秦昭襄王的召见。秦昭襄王非常高兴，将和氏璧传给身边的大臣及嫔妃们观赏。众人山呼万岁。

不过，蔺相如从秦昭襄王及其大臣的言语中发现，他们只想白白获得和氏璧，根本没有用城池进行交换的打算。

于是，蔺相如走到秦昭襄王面前说道："这块和氏璧上有一点瑕疵，我指给大王您看看。"秦昭襄王一愣，命人将和氏璧交还给蔺相如。

蔺相如手捧和氏璧，一直退到宫殿的柱子旁，神色冷峻，高声说道："大王想要这块和氏璧，赵王召集众人商议。大家都说秦国一向贪婪，肯定会既拿了和氏璧又不给城池，当时大家都认为不应该答应。

"而我却认为即便是老百姓交往都会讲究诚信，更何况是秦国这样的泱泱大国。再说为了一块玉璧而得罪秦国得不偿失。这样才终于说服了赵王。

"为了这次出使，赵王沐浴斋戒了五天，才让我带着和氏璧来到秦国。为什么这么做呢？因为这是对秦国的尊重。但我来到秦国，大王却在这样的偏殿召见我，礼仪不周。接着大王又将和氏璧交给嫔妃们观赏，这更是对我和赵国的侮辱。

"我看大王根本就没有用城池换和氏璧的打算，所以我又从您的手中拿回了和氏璧。如果大王再逼我，我就用我的头与和氏璧一起撞在柱子上，同归于尽！"

说完，蔺相如手捧和氏璧，两眼紧盯身边的柱子，摆出一副想要冲向柱子的架势。

秦昭襄王一看如此情形，心知无法吓住蔺相如，便起身向他道歉，同时又让官吏拿出地图，划出了十五座城池，做出真的要用城池交换和氏璧的姿态，想诱骗蔺相如上当。

不过，蔺相如一眼就看出这是秦昭襄王的诡计。他不慌不忙地对秦昭襄王说："和氏璧是一件宝物，赵王因为惧怕大王，才命我将其带来。为了这件宝物，赵王沐浴斋戒了五天。大王如果想要这件宝物，也应该像赵王一样，沐浴斋戒五天，并在朝堂上举行隆重的仪式。只有这样，我才能放心地将宝物交给

大王。"

眼看自己弄巧成拙，秦昭襄王也只好答应，命人将蔺相如安置在驿馆休息，自己沐浴斋戒五天，同时下令官吏准备相关的仪式。

尽管秦昭襄王答应了蔺相如的要求，但蔺相如看出秦昭襄王仍然是在敷衍，心里还是认为他拿到和氏璧并不会给城池。于是，就在秦昭襄王沐浴斋戒期间，蔺相如命自己的心腹穿上普通百姓的衣服，揣着和氏璧秘密返回赵国，自己则留在驿馆等待五天后与秦昭襄王的再次见面。

● 不辱使命

五天后，秦昭襄王在朝堂上举办了盛大仪式，并让蔺相如带着和氏璧前来，准备进行交换。蔺相如两手空空，昂首挺胸来到了朝堂。

蔺相如对秦昭襄王说："秦国自秦穆公以来出现过二十多位君主，但从来没有一个是守信用的。我担心被大王愚弄，辜负赵王的嘱托，故此已经派人将和氏璧带回赵国。秦国的强盛远远胜于赵国，大王只需派一位使者前往赵国，赵国一定会再次将和氏璧奉上。

"以秦国的超强实力，只要先割让十五座城池给赵国，赵国岂敢留下和氏璧而开罪大王。我知道欺骗大王该当死罪，情愿下油锅受死，不过还请大王考虑一下我的建议。"

蔺相如此言一出，秦国满朝文武无言以对，只好相视苦笑。此时，有大臣高声叫嚷，要求秦昭襄王将蔺相如处死。

秦昭襄王看了一眼蔺相如，嘴角露出一丝笑容，对群臣表示："如今即使杀了蔺相如，也拿不到和氏璧，不但天下诸侯会笑话本王，赵国与我国的友谊也会因此断送。我们不如好好款待一下这位不怕死的蔺相如，之后让他回到赵国。难道赵王会因为一块玉璧而欺骗强大的秦国吗？"

群臣听了秦昭襄王的话，点头称是，便按照隆重的礼节款待蔺相如，之后将他礼送回国。蔺相如终于不辱使命。

画外音：蔺相如此行计划严密，步骤明确。先弄清楚了秦昭襄王的真实用意，然后秘密派人将和氏璧带回赵国，实现了出使前对赵惠文王许下的承诺。之后在秦国朝堂上的慷慨陈词、有礼有节，令秦昭襄王非常佩服，最终才能安然返回赵国。

渑（miǎn）池会盟

蔺相如回到赵国，受到赵惠文王及大臣们的热烈欢迎。为表彰蔺相如这次出使的功绩，赵惠文王任命他为上大夫。从此，蔺相如成了赵国举足轻重的人物。

经历了这次事件之后，秦国虽然没有再提用城池换和氏璧，却在暗中使坏。数月之后，秦国发兵赵国，攻占石城。到了第二年，

秦国再度入侵赵国，歼灭了赵国两万多士兵。对此，赵惠文王非常担心。

不久，秦王派人来到赵国，提出与赵王在西河附近的渑池进行会谈。赵王担心秦国会借机加害自己，便想一口拒绝。

此时，廉颇与蔺相如二人一起找到赵王说："如果大王不去，就表示赵国胆小懦弱。这次会谈非去不可。"在二人的劝说下，赵王终于答应，并决定让蔺相如与自己一同前往渑池。

赵王一行到达边境时，廉颇对赵王说："大王此行应该不会超过三十天。如果逾期未归，我就先立太子为王，这样做也就断了秦国劫持大王、要挟赵国的念头。大王您看如何？"

赵王点点头，答应了。

渑池会谈期间，秦王仗势欺人，当众要求赵王弹奏一曲活跃气氛。赵王不敢得罪，勉强弹奏了一曲。秦国的御史上前写道："某年某月某日，秦王会赵王饮酒，命赵王弹琴。"

此时，蔺相如走上前来对秦王说道："赵王也听说秦王精通秦声，请允许我拿出乐器，大王演奏，大家都高兴高兴。"

秦王大怒，坚决不肯。

蔺相如手捧乐器走到秦王面前，跪在地上请求秦王弹奏，秦王依然不肯。

蔺相如随即说道："如若大王不肯，五步之内，我将用自己的血溅满大王一身！"

秦王身边的侍卫一听，手握剑柄，想拔剑杀死蔺相如。蔺相如瞪大双眼高声呵斥，侍卫面面相觑，只好退下。

秦王见状，无可奈何，只得勉强在乐器上敲击了一下。

蔺相如马上招呼赵国的御史上前，令其写下"某年某月某日，秦王为赵王弹奏"。

秦国的大臣们一看秦王受辱，立刻叫嚷了起来："请赵国拿出十五座城池作为给秦王的礼物！"

话音刚落，蔺相如高声说道："请秦国也将都城咸阳送给赵国作为礼物！"

渑池会盟就在这一片吵闹声中结束，秦国未能占到丝毫便宜。同时，赵国也开始调集大军准备迎战，秦王一看形势不对，也就不敢再对赵国发动进攻。

【原著精摘】

秦以城求璧而赵不许，曲在赵。赵予璧而秦不予赵城，曲在秦。均①之二策，宁许以负秦曲②。

【注释】

①均：权衡。

②负秦曲：使秦国理亏。

【译文】

　　秦国要用城邑交换玉璧而赵国不同意，赵国理亏。赵国给了玉璧而秦国不给城邑，秦国理亏。权衡二者，宁可答应使秦国理亏。

负荆请罪：一文一武将相和

带着问题读《史记》

蔺相如是如何化解矛盾的？

负荆请罪

渑池会盟后，蔺相如受到了赵国朝野的一致称赞，赵王也因此将蔺相如晋升为上卿，礼遇有加，其排位超过廉颇。没想到赵王的这一举动却令廉颇非常不满。

廉颇说："我身为赵国的将军，奋战沙场，用鲜血和生命保卫了国家。而蔺相如仅凭着一张嘴就受到如此待遇，排位还在我前面，实在令我感到羞愧！"

为了发泄自己的不满，廉颇甚至公开表示："如果遇到蔺相如，一定要尽情地羞辱他，才能解我心头之恨！"

这个消息很快便传到蔺相如耳中，蔺相如不愿与这位老将军作对，于是每逢上朝便以生病为由缺席。

有一次，蔺相如外出，发现前面不远处廉颇也由此经过，

他便急忙绕道而行。

门客们对蔺相如的忍让非常不解，纷纷来向他辞行，说："廉颇恶言相向，您却一再退避忍让。就算一个普通人看到此情此景也会感到羞耻，更何况您是身居高位的上卿。我们不愿因此抬不起头来，所以打算离开。"

听完门客们的一通牢骚，蔺相如不慌不忙地说："我对强大的秦王尚且不惧，又怎么会惧怕廉颇呢？秦国之所以不敢侵略赵国，就是因为有我和廉颇将军在。如果我与廉颇发生争斗，得益的将是秦国。我又岂能将个人恩怨放在国家利益之上？！"

不久，这番话传到了廉颇的耳朵里。廉颇深感羞愧，便赤裸着上身，背着荆条，来到蔺相如府上谢罪。

廉颇诚恳地对蔺相如说："我是个粗人，远没有您如此的宽宏大量！"

从此，两人和好如初，共同为赵国的稳定和发展贡献力量。

画外音：朝臣之间的关系是否融洽，是国家政局是否稳定的一个重要标志。廉颇没有意识到这一点，因此才会公开羞辱蔺相如。蔺相如明白将相和的重要性，忍辱负重，终于感动了廉颇。

【原著精摘】

夫以秦王之威，而相如廷叱之，辱其群臣，相如虽驽①，独畏廉将军哉？顾吾念之，强秦之所以不敢加兵于赵者，徒以吾两人在也。今两虎共斗，其势不俱生。吾所以为此者，以先国家之急而后私仇也。

【注释】

①驽：愚钝。

【译文】

以秦王的淫威，我尚且敢在朝堂上当众斥责他，并羞辱他的臣子，就算我再无能，又怎么会惧怕廉将军呢？不过我想到秦国之所以不敢对赵国用兵，是因为我和廉颇的存在。如今要是两虎相斗，一定不能并存。我之所以忍让，是把国家的急难放在前面，把个人的私仇放在后面。

奇货可居：吕不韦的故事

吕不韦列传

一位不平凡的商人，摇身一变成了权倾一时的朝廷重臣。为了达到目的，吕不韦无所不用其极，不仅成就了自己，也成就了秦国。

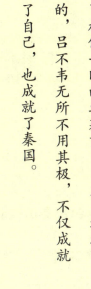

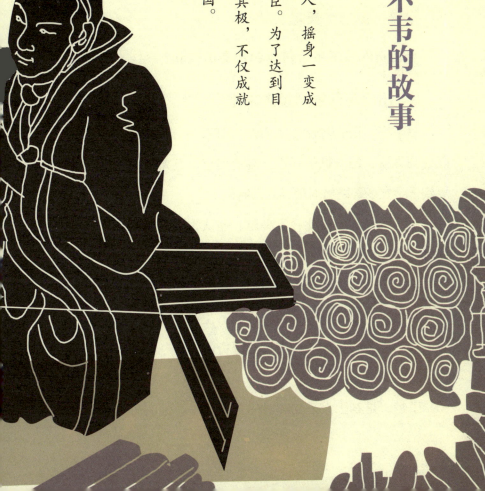

奇货可居：吕不韦投资子楚

普通商人吕不韦为何能担任秦国国相？

❀ 用所有的家产投资未来

吕不韦，是战国时代卫国濮阳人氏，后来在阳翟（dí）定居，以经商为生，擅长低价买进，高价卖出。几年下来家中财富就积累到千金之多，是当时著名的大商人。

不过，吕不韦对此并不满足。他认为成为富翁并不是自己的理想，他还想在政治上有所表现。

这一年，他来到赵国的邯郸买卖货物，听说城中有一位名叫子楚的秦国贵族正在邯郸城做人质，生活拮据，过得很不如意。吕不韦心头大喜，连连说道："奇货可居。"便带着礼物来到了子楚的府第。

子楚，是秦国太子安国君的儿子之一。他的母亲名叫夏姬，在安国君众多的妻妾当中并不得宠，儿子子楚也跟着遭殃，被打发到赵国做人质。秦国又多次攻打赵国，因此赵国对待子楚也很不客气。

吕不韦见到子楚后说："我有办法能让您摆脱目前的境遇，光大您的门庭。"

子楚笑着回答："你们这些商人还是想想怎么光大自己的门庭吧。"

吕不韦表情严肃地说："您不明白我的意思。我的门庭要靠您才能光大。"

子楚听吕不韦话里有话，便请吕不韦留下，两人进行了一番深谈。

吕不韦说："秦王年迈，您父亲安国君被立为太子。我听说安国君最宠信的是华阳夫人，而她却没有儿子。未来能够影响秦国立嗣的只有华阳夫人。而您只是安国君二十多个儿子中的一个，又不被宠信。如果有一天秦王去世，安国君继位为秦王，以您目前的状况将来是无法成为太子的。"

子楚点点头，说："的确如此。那么有什么办法呢？"

吕不韦答："有。您远在赵国，手头拮据，既拿不出礼物孝敬双亲，又没办法结交宾客。我吕不韦虽然不算富裕，但可以拿出一千金给您，让您能够达成愿望，日后成为秦国的太子。"

子楚瞪大了眼睛，不敢相信吕不韦所说的话。

很快，吕不韦的千金便发挥了巨大的作用。其中的五百金被用来作为子楚的活动经费，广交宾客。不久之后，子楚的府第外便车水马龙，人声鼎沸。另外的五百金则被用来购买奇珍异宝。一切准备妥当后，吕不韦带着门客和奇珍异宝来到了秦国。

画外音：商人尽管有钱，但政治地位低下。为摆脱这种局面，吕不韦用全部的家当进行了一次投资，这次投资也改变了子楚和吕不韦的一生。

亲自出马保证投资见效

吕不韦来到秦国后，带着厚礼去拜会华阳夫人。两人见面后，吕不韦奉上了礼物，话题自然而然就转到了子楚的身上。

吕不韦说道："子楚非常贤能和聪慧，深受赵国人的欣赏和爱戴，门下宾客如云，朋友遍布各国。他还经常向我提及太子和您，说他一生最敬重的便是夫人您，只要一想起您，便会日夜哭泣。"

华阳夫人听后非常高兴，对子楚充满好感。

此后，吕不韦又去拜会了华阳夫人的姐姐。他对华阳夫人的姐姐说："女人年轻貌美，自然可以得到男人的宠信。不过一旦年老色衰，就会逐渐被疏远。如今华阳夫人虽然深受宠信，但她没有儿子，日后的地位一定会受到影响。如果现在从太子的儿子当中找出一位孝顺之人作为养子，举荐他为继承人，日后就会成为秦王。如此一来，母凭子贵，夫人的地位才能保住。"

这番话很快便传到了华阳夫人那里。她觉得很有道理，便命人将吕不韦请来。

两人再次见面后，吕不韦说："子楚在太子的儿子当中排行居中，按规矩轮不到他继承王位。况且他的母亲不受太子宠信。因此，子楚也会依附夫人。如果夫人能够说服安国君立子楚为继承人，那么子楚会感激夫人一辈子，更加孝敬夫人。将来夫人在秦国也会享受一辈子的荣华富贵。"

华阳夫人越听越觉得有道理，便找机会与丈夫安国君谈及立嗣之事，非常婉转地提到远在赵国的子楚，说其非常贤能和孝顺，深受赵国士民的爱戴。

华阳夫人越说越激动，不禁流下了眼泪。她对安国君说道："我能遇上太子您，是一辈子的荣幸。但很不幸我没能为您生下一个儿子，希望您能将子楚立为继承人，这样我日后也就有个依靠了。"

安国君被华阳夫人的这番话打动，当即应允，立子楚为继承人。几天后，安国君又命人给子楚送去了大量的礼物，同时又聘请吕不韦作为子楚的师傅。

吕不韦的计划终于成功了。

🏵 为了成功不惜送上爱妾

子楚成为继承人，与吕不韦的关系更加密切起来，他经常来往于吕不韦的家中。吕不韦热情接待，其间却出了一件事情让吕不韦有些生气。

原来，吕不韦新纳了一位名叫赵姬的女子为妾。赵姬长得非常漂亮，又能歌善舞，深得吕不韦宠爱。不久，赵姬便怀上了吕不韦的孩子。

子楚经常来吕不韦家，吕不韦有时让赵姬跳舞助兴。没想到赵姬的美色让子楚垂涎不已。终于有一天，子楚忍不住向吕不韦请求，将赵姬送给自己为妻。

对此，吕不韦非常生气。不过转念一想，吕不韦又改变了想法。他认为既然已经将所有的家产都押在了子楚身上，子楚的未来就是自己的未来，也犯不着为了一个女人而反目。于是，吕不韦便顺水推舟，将赵姬送给了子楚。

赵姬嫁给子楚时，隐瞒了自己已怀有吕不韦骨肉的事情。几个月后，赵姬生下一子。子楚喜出望外，取名为政，宠爱有加，又将赵姬立为正室夫人。

几年后，秦国出兵围攻邯郸，赵国想杀了子楚。吕不韦用六百金的代价贿赂赵国官吏，终于让子楚逃出邯郸回到秦国，但赵姬母子却依然被困在邯郸。

赵国人没抓住子楚，便想杀了赵姬和她的孩子。赵姬毫不惊慌，在抓捕之前便躲藏起来，这一躲就是几年，直到后来赵国与秦国的关系缓和才露面。此后，秦国便派人将赵姬母子接回秦国，一家人终于团聚。

公元前251年，秦昭襄王病逝，太子安国君继位，子楚也就理所当然地成为太子。到了第二年，安国君突然病逝，子楚继位，成为秦王，也就是秦庄襄王。

子楚继位后，拜华阳夫人为华阳太后，生母夏姬为夏太后。吕不韦成了秦国的丞相，封文信侯，食邑河南洛阳十万户。

又过了三年，子楚病逝，其子嬴政登基，吕不韦又被尊奉为相国，尊称"叔父"，成为秦国一人之下、万人之上的显贵。

画外音： 司马迁在《史记》中说秦始皇并非秦庄襄王之子。此观点并不可信，原因有三：第一，秦国王室法制严密，不会容忍非秦王室血统出身的人僭越王位；第二，吕不韦为人

精明，目光长远，不会在一开始就给自己挖下如此大的陷阱；第三，秦王嬴政亲政后，从与吕不韦相处的关系来看，应无此事。

【原著精摘】

安国君许之，乃与夫人刻玉符，约以为适嗣①。安国君及夫人因厚馈遗②子楚，而请吕不韦傅之，子楚以此名誉益盛于诸侯。

【注释】

①适嗣：继承人。

②馈遗：馈赠。

【译文】

安国君答应了，与夫人刻下玉符，决定立子楚为继承人。安国君和华阳夫人都送了很多重礼给子楚，请吕不韦当他的老师。因此，子楚的名声在诸侯中传扬开来。

自取灭亡：一着不慎满盘输

带着问题读《史记》

吕不韦因何而死？

◎ 一字千金的《吕氏春秋》

吕不韦担任相国期间，做了一件大事。他召集了文人墨客，历时数年，编撰出一本长达二十多万字的巨著《吕氏春秋》。

《吕氏春秋》以儒家学说为主干，汇集了先秦至战国时代的各种学说，将名、法、墨、农、兵、阴阳家的思想熔于一炉。全书共分十二纪、八览、六论。十二纪每纪五篇共六十篇，八览中每览八篇（《有始览》少一篇）共六十三篇，六论中每论六篇共三十六篇，另有《序意》一篇，共一百六十篇。

该书编撰完成后，吕不韦命人将其放在秦国都城咸阳的城楼上，并悬赏千金，邀请各国士人前来品评，并声称如果有人能在这部著作中增删一个字，就将千金赏赐给他。

这个消息很快传遍了各大诸侯国，士人们纷纷来到咸阳，

想从《吕氏春秋》中找出毛病。不过事与愿违，数年间无人能找出一处疏漏。吕不韦也因此得到天下士人的一致称赞。

◎ 投资风险让吕不韦丧命

吕不韦当年在子楚身上的巨大投资，终于让他登上了相国的宝座。但为了这项投资能够使自己终身受益，吕不韦也付出了惨重的代价。这起因便出在赵姬的身上。

为了讨好赵姬，吕不韦绞尽脑汁，进献了假宦官嫪毐（lào ǎi）。在赵姬的庇护下，嫪毐势力越来越大，门客竟达数千人之多，这也引起了秦王嬴政的警觉。偏偏嫪毐又不知收敛。

最终，嫪毐被杀，赵姬被儿子嬴政迁往雍地居住。吕不韦也因此受到牵连，被免去相国职务，流放洛阳。

不过，吕不韦在秦国担任相国多年，威望极高。即便被免职流放，各国前来拜访他的使者依然络绎不绝，这又让嬴政非常不安，便写信斥责吕不韦。吕不韦眼看大势已去，便喝下毒酒自杀。

【原著精摘】

始皇九年，有告嫪毐实非宦①者，常与太后私乱，生子二人，皆匿之，与太后谋曰"王即薨，以子为后"。于是秦王下吏治②，具得情实，事连相国吕不韦。九月，夷嫪毐三族，杀太后所生两子，而遂迁太后于雍。诸嫪毐舍人皆没其家而迁之蜀。王欲诛相国，为其奉先王功大，及宾客辩士为游说者众③，王不忍致法。

【注释】

①宦：宦官。

②下吏治：将嫪毐交给官吏拷问。

③为游说者众：为吕不韦说情的人很多。

【译文】

秦王政九年（公元前238年），有人向秦王政告发嫪毐并非宦官，经常与太后私通，生有两个儿子，将其隐藏起来，还对太后私下表示"若秦王死去，就让其子继位"。后来，秦王政命官吏调查，弄清了真相，此事还牵连到相国吕不韦。同年九月，秦王嬴政下令将嫪毐及其三族诛杀，又杀了他与太后所生的两个儿子，将太后迁到雍地居住。嫪毐的食客们被没收家产，迁往蜀地。秦王想杀掉吕不韦，但因其侍奉先王功劳极大，又有许多宾客辩士为他求情，秦王不忍心将他绳之以法。

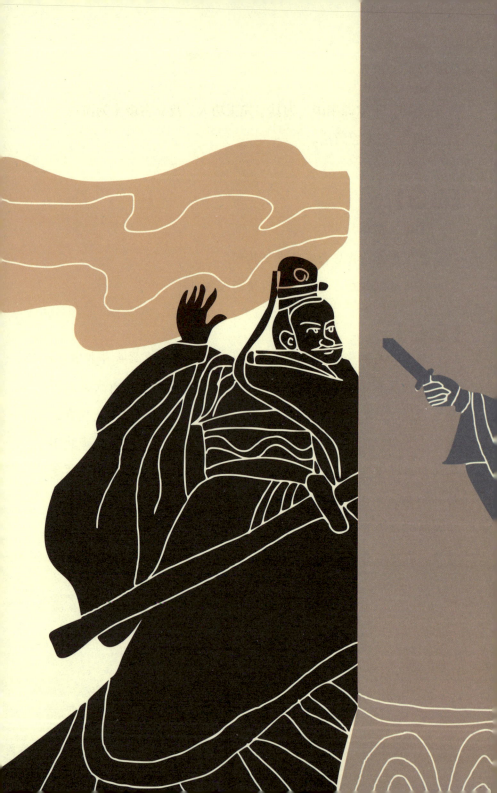

图穷匕见：荆轲的故事

刺客列传

一位行事低调的江湖大侠，为了燕国孤身犯险。虽功败垂成，仍令人肃然起敬。

隐居民间：田光慧眼识英雄

带着问题读《史记》

太子丹为何要派人刺杀秦王？

深藏不露

荆轲原本是卫国人，但他的祖先却是齐国人，后迁居卫国，卫国人称他为庆卿。后来，荆轲又来到了燕国，燕国人又叫他荆卿。

荆轲有两大爱好：读书和击剑。不过，与很多剑客们张扬的性格不同，他为人小心谨慎，不愿与人争论。

他曾经在榆次与剑术大师盖聂一起讨论过剑术。盖聂脾气暴躁，交谈间意见稍有不同，便怒目而视。荆轲见状，只是默默走开。后来盖聂又派人去找他，不料他却离开了榆次。

荆轲来到燕国后，从来不与人谈论剑术，而是与一个杀狗的屠夫和一个擅长击筑的乐人高渐离整日在燕国都城集市上饮酒高歌，时而兴奋得手舞足蹈，时而悲伤得痛哭流涕。

除了喝酒高歌，荆轲还喜欢与当地的名士们相互交流，但他在集市上的狂欢，还是引起了不少名士的非议。不过，有一位叫作田光的隐士对荆轲却非常看重，认为荆轲绝对不是一般人。

⊙ 太子丹的无奈

在荆轲来到燕国几年后，燕国派往秦国做人质的太子丹回到了燕国，原因是太子丹在秦国期间，秦王嬴政对其态度恶劣。太子丹被激怒后，便从秦国逃了回来。

回国后，太子丹想要报复秦国，便向自己的老师鞠（jū）武问策。鞠武认为秦国疆域辽阔、人口众多、军队精锐，燕国与秦国的国力相差悬殊，劝太子丹耐心等待，不可仓促行事。

不久后，秦国将领樊於期因为得罪了秦王嬴政，逃到了燕国。太子丹觉得可以利用樊於期对付秦王，就打算收留樊於期，不料此举又遭到了鞠武的反对。

鞠武对太子丹说："秦国与燕国的关系本来就非常恶劣，如果您收留了樊於期，那么燕国将面临灭顶之灾，即便管仲、晏子在世都难挽危局。您应该尽快将樊於期送到匈奴，这样做才不会让秦国找到进攻燕国的借口。"

太子丹回答："难道真的没有办法可以对付秦国吗？"

鞠武回答："办法还是有的。要想对付秦国，我们燕国不但需要与西面的韩国、赵国、魏国搞好关系，还要联合南面的齐国、楚国，同时还要与匈奴保持密切的关系，然后才能想办法对付

秦国。"

太子丹焦急地说:"您的计划不错,但是旷日持久。我现在已是心急如焚,等不了这么长时间。樊於期将军走投无路才来投奔我太子丹,而我却因为惧怕秦国而将其拒之门外,这样做岂不是让天下人耻笑?"

鞠武摇摇头,叹息着说:"为了一个新朋友而不顾国家的利益,这是添加怨恨和灾祸啊!这就好比是把鸿毛放在炉火上烤,怎么会有好的结果?更何况我们面对的是强大的秦国,一旦秦国借机发难,燕国必有灭顶之灾。我实在是想不出其他的办法。不过,听说有一位名叫田光的隐士,此人思虑深远、足智多谋。您可以去找找他,或许他有好主意。"

在鞠武的推荐下,太子丹见到了田光。

画外音： 太子丹不顾燕国国小力弱的事实，一味想刺杀秦王复仇，这个想法很不明智，也因此遭到了老师鞠武的规劝，同时也为荆轲的悲剧埋下了伏笔。

【原著精摘】

　　荆轲好读书击剑，以术说①卫元君，卫元君不用。其后秦伐魏，置东郡，徙②卫元君之支属于野王。

【注释】

　　①说：说服。

　　②徙：迁徙。

【译文】

　　荆轲喜欢读书、击剑，曾凭借高超的剑术去游说卫元君，但卫元君并没有任用他。后来秦国攻打魏国，设置东郡，将卫元君的旁支亲属迁徙到了野王。

策划行刺：壮士一去不复返

带着问题读《史记》

荆轲临行前为何头也不回？

🌀 田光自刎而死

太子丹与田光见面后，对田光说："燕国与秦国势不两立，希望先生能帮我想想办法。"

田光回答说："我听说良马在壮年之时可日行千里，不过等它衰老后，即便是劣马也能轻易将其超过。您对我的了解，大都是我年轻时候的往事。如今我已经老了，无法提出什么好主意和好办法。不过，我有个朋友叫荆轲，他是一个可以辅佐您成就大事的人。"

太子丹听了非常高兴，诚恳地说："能否请先生代为引荐，让我与荆轲见面呢？"

田光笑了笑，说："当然可以。"

两人分手之际，太子丹神情紧张地对田光说："此事关系重大，希望先生能替我保守秘密。"

田光脸色一变，但很快便恢复了正常，点头应允。

与太子丹分手后，田光便找到了荆轲，对他说道："燕国上下都知道你我关系密切。如今太子丹找我共商国是，我却年事已高，力不从心。不过从他的话中，我却能体会到他此刻的心情。我将你推荐给了太子丹，希望你能亲自到宫中去见他，共商大事。"

荆轲回答："没问题。"

田光又说："年长有德之人办事，不能让其他人感到怀疑。我离开太子丹的时候，他曾经反复叮嘱，说这是国家大事，千万不能泄露。太子丹说这样的话，分明是在怀疑我，这说明我不是个有节操、讲义气的人。你见到太子丹后，就说我田光已死，绝对不会泄露秘密。"

田光说完，拔剑自刎。荆轲流着眼泪，来到了太子丹的府第。

画外音：太子丹复仇心切，依照老师鞠武的话找到了田光，将自己的想法和盘托出，原本这体现了太子丹对田光的高度信任。但从田光角度上来讲，他知道了燕国的惊天秘密，却不能去完成，只好去死。

◎ 希望都在荆轲身上

两人见面后，荆轲告诉了太子丹田光的临终遗言。太子丹听罢，跪倒在地，痛哭流涕，向荆轲解释道："我之所以告诉田光要保密，

是想成就大事，但田先生以死明志，这并非我的初衷啊！"

荆轲坐定后，太子丹离开座位，叩头说道："我能够见到先生您，这是上天怜悯燕国啊！秦王有贪利之心，他的欲望永远都不会满足。如今秦国已经俘虏了韩王，占据了韩国全境。他又出动军队分别进攻楚国和赵国。秦将王翦的几十万大军已经兵临漳水、邺（yè）县一带，李信又抵达太原、云中一带。赵国难以抵挡秦军，必定投降。一旦赵国被灭，势必危及燕国。燕国国小力弱，即便以举国之力也难以抵挡凶悍的秦军。各诸侯国都惧怕秦国，谁也不敢提出合纵抗秦的建议。"

太子丹继续说："我有个不太成熟的想法，想和先生探讨一下。我想招募一名勇士，派他前往秦国，借口向秦王进献重礼。秦王贪婪，一定会召见。这样一来就可以趁机劫持秦王，逼迫他归还侵占各国的土地，就像当年曹沫劫持齐桓公一样。能做到这一步，是上策；如果不行，那就把秦王杀死。秦国国内大乱，各诸侯国就可以联合起来，齐心协力击败秦国。这是我的愿望，但不知将这一使命托付给谁，希望先生能考虑考虑。"

荆轲沉默了很久，开口说："这是国家大事，我才能拙劣，恐怕难以胜任。"

太子丹站了起来，向荆轲叩头，恳请他不要推托。最终，荆轲答应了。于是，太子丹尊奉荆轲为上卿，送给他最豪华的府第，每天都亲自来到他的府第问候，并送给荆轲大量的金银珠宝、美女、车马。

显然，太子丹将所有的希望都寄托在了荆轲的身上。不过，过了很长一段时间，仍不见荆轲采取行动。

◉ 樊於期自愿一死

到了公元前 228 年，秦国将领王翦攻占了赵国都城并俘虏了赵王，赵国灭亡。秦国的大军继续向北挺进，很快便兵临燕国南部边界。太子丹惊慌失措，立即找到了荆轲。

太子丹说："秦国的军队迟早会横渡易水进犯燕国。到时候即使我想厚待先生，恐怕也是不可能的事情了。"

荆轲说："如今形势紧迫，就算您不来找我，我也会去找您的。不过，现在到秦国去，没有可以让秦王相信我的东西，难以接近秦王。"

太子丹挠挠头，问："那该怎么办呢？"

荆轲两眼盯住太子丹，沉默了半晌，才慢慢地说出了一段话："我听说秦王下令悬赏黄金一千斤、封邑万户，用来购买樊於期将军的脑袋。如果能得到樊将军的脑袋和燕国督亢地区的地图，将其献给秦王，秦王一定会非常高兴地召见我，到时候我就有机会实现您的计划了。"

太子丹语气坚定地说："樊将军走投无路来投靠我，我怎么忍心伤害这位忠厚的长者呢？您还是另想其他办法吧。"

荆轲知道太子丹不忍心，便私下找到樊於期。

荆轲对樊於期说："秦国对待将军的家小非常狠毒。听说将军满门都被杀光。如今，秦王又悬赏千斤黄金和封邑万户要将军

的脑袋。将军打算怎么办呢？"

樊於期仰望苍天，流着眼泪，叹息道："每当我想到这些，都会痛彻骨髓。不过却想不出任何办法！"

荆轲表示："我倒是有个主意，既可以为将军报仇，又可以洗刷燕国的耻辱。"

樊於期兴奋地说："您有什么办法？快点说出来听听！"

荆轲说："我想将您的头颅献给秦王。秦王听说您死了，一定会召见我。到时候我左手抓住他的袖子，右手用匕首刺进他的胸膛。不但将军的大仇得报，燕国被秦王欺凌的耻辱也能得到洗刷。不知将军是否赞成？"

樊於期一听此言，立即脱下一只袖子，露出肩膀，用一只手紧握另一只手的手腕，走近荆轲说："这是我日日夜夜切齿都想做的事情，今天终于听到了您的指教！"说完，樊於期便自刎而亡。

太子丹得知樊於期自刎而死，立刻驾车前来，趴在尸体上痛哭，又命人将樊於期的头颅装到匣子里。

画外音：樊於期面对生死抉择时大义凛然，其舍生取义的精神令人敬佩。而荆轲提出用樊於期头颅换取秦王信任的做法，显然也是他行刺计划中的关键一环。由此也可以看出荆轲心思之缜密。

◉ 临行前的冲突

为了协助荆轲的刺杀行动，太子丹到处寻找锋利的匕首。后来，他听说赵国赵夫人的匕首锋利无比，便花重金将其买下。太子丹命工匠用毒药淬炼，又用活人进行试验，结果发现只需刺出一缕血丝就能致人当场毙命。太子丹将这把匕首交给了荆轲。

随后，太子丹又为荆轲找了一个帮手。此人名叫秦舞阳，是燕国的一名勇士，十三岁时就开始杀人，燕国上下都没人敢正面看他。太子丹认为有了秦舞阳的协助，荆轲的刺杀将万无一失。因此，他不断催促荆轲尽快起程。

不过，荆轲却提出还要等待另外一位朋友的到来才能动身。这位朋友住得很远，荆轲为其准备好了行装，但此人却迟迟未到，荆轲只得继续等候。

太子丹发现荆轲没有出发，心中非常不快，认为荆轲是在拖延时间，怀疑他不想去，便催促说："时间不多了，荆先生您到底有没有动身的打算？要不然我派秦舞阳先行吧。"

荆轲终于忍不住发火了。他对太子丹表示："您派秦舞阳先行是什么意思？去了不能回来，那是没出息的无能小子所为。再说，我带一把匕首进入秦国，万事都要考虑周详。我之所以迟迟未动，就是为了等待另外一个朋友共同策划。既然您这样不相信我，那我就告辞了！"

于是，荆轲带着秦舞阳动身前往秦国。太子丹及其门客得知后，都穿上白衣戴着白帽前来送行，荆轲的好友高渐离也赶来为他送行。

到了易水河边，高渐离击筑，荆轲高声吟唱，歌声苍凉悲壮：
"风萧萧兮易水寒，壮士一去兮不复还。"荆轲登车离去，自始
至终都没有回头。

【原著精摘】

　　至易水之上，既祖①，取道。高渐离击筑，荆轲和而歌，
为变徵之声②，士皆垂泪涕泣，又前而为歌曰："风萧萧兮
易水寒，壮士一去兮不复还！"复为羽声忼慨，士皆瞋目③，
发尽上指冠。于是荆轲就车而去，终已不顾。

【注　释】

　　①既祖：拜祭路神。

　　②变徵之声：乐声中徵调变化，常作悲壮之声。

　　③瞋目：瞪大眼睛。

【译　文】

　　来到易水边上，荆轲等人拜祭路神后上路。高渐离击筑，荆
轲和着节拍唱歌，发出苍凉凄惋的变徵声调，送行的人都流泪哭
泣，一边走一边唱道："风萧萧兮易水寒，壮士一去兮不复还！"
又发出慷慨激昂的羽调，送行的人们怒目圆睁，头发直竖，把帽
子都顶起来。此时，荆轲上车走了，始终连头也不回。

功败垂成：秦舞阳惊慌失措

带着问题读《史记》

荆轲精心策划的刺杀为何会失败？

图穷匕见

荆轲来到秦国，带着厚礼去见受秦王宠信的大臣、中庶子蒙嘉。后来，蒙嘉去见秦王，说："燕国被大王的神威震慑，不敢以武力与秦国对抗，心甘情愿成为秦国的臣民，年年纳贡。为了表示臣服，他们砍下了樊於期的脑袋，还献上了督亢的地图。燕王又在国内举办了盛大仪式，派出使臣来到秦国，请大王明示我们该如何应对。"

秦王听后大喜，下令安排隆重的九宾仪式，亲自在咸阳宫殿召见燕国使臣荆轲和秦舞阳。

见面的那天，荆轲捧着装有樊於期首级的匣子，秦舞阳捧着装有督亢地图的匣子来到秦王的宫殿。荆轲神情自若，秦舞阳却吓得脸色大变、瑟瑟发抖，秦国大臣们都非常诧异。

此时，荆轲回头看了看秦舞阳，上前谢罪说："北方蛮夷之地

的粗野人，没有见过大王，所以心惊胆战，希望大王宽恕，让他能够完成自己的使命。"

秦王说道："那就将秦舞阳手中的地图呈上来吧。"

荆轲取过地图呈现给秦王，并打开卷轴展现。当卷轴展到尽头，露出了藏在里面的匕首。荆轲趁机左手抓住秦王的衣袖，右手拿起匕首刺向秦王。

秦王大惊失色，立刻抽身跳起，挣扎中衣袖都被扯断。秦王想拔出佩剑，不料佩剑套得太紧，慌乱间拔不出来。荆轲在后猛追，秦王只好绕着柱子躲闪。

就在这关键时刻，秦国的侍从医生夏无且用手中的药囊砸向荆轲，荆轲忙于躲闪，这给了秦王喘息之机。秦王终于拔出宝剑，砍中了荆轲的左腿。荆轲倒在地上，将匕首扔向秦王，但被秦王

躲开。随后，秦王又挥剑砍向荆轲，击中荆轲八次之多。

荆轲眼看大势已去，挣扎着靠在柱子上狂笑，随后被秦国侍卫所杀。一代刺客就这样命丧秦国大殿。

画外音：荆轲刺杀秦王，事先虽经过周密谋划，但秦舞阳的惊慌失措引起了秦王的怀疑，并提高了警惕。这是荆轲刺杀失败的重要原因。

【原著精摘】

轲自知事不就，倚柱而笑，箕踞①以骂曰："事所以不成者，以欲生劫之，必得约契以报太子也。"于是左右既前杀轲。

【注释】

①箕踞：伸长两腿，像个簸箕，是不拘礼节的坐法。

【译文】

荆轲自知事情难以成功，便靠在柱子上大笑，张开两腿像簸箕一样坐在地上骂道："大事之所以未能成功，是因为我想活捉你，逼迫签订归还诸侯们土地的契约回报太子。"这时，侍卫们冲上来杀死荆轲。

恋权殒命：李斯的故事

李斯列传

善于抓住机遇，使得李斯一鸣惊人，成为秦国的重臣。贪恋权力，却让李斯做出错误的决定，最终身首异处。

官拜丞相：老鼠改变了李斯

带着问题读《史记》

两群老鼠为何会改变李斯的一生？

老鼠带来的启示

李斯本是战国时代楚国上蔡人氏，早年曾经在郡府中担任办事员，事业没什么起色，心情自然也好不到哪去，整日百无聊赖，只好这里看看，那里逛逛。谁知有一天，他却对两群老鼠的行为有所感悟，遂决定辞职不干，前往齐国。

事情是这样的。

有一天，他来到茅房上厕所，突然发现里面有一群饥饿的老鼠正在疯狂地抢夺大便填饱肚子。就在同一天，他又发现在粮仓中还有一群老鼠正在悠闲自得地吃着仓中的粮食，每只老鼠都是肥肥胖胖的。

李斯突然感悟道："看来一个人会不会有出息，就像这两群不同的老鼠一样，是由自己所处的环境来决定的！"

于是，李斯便辞掉衙门的职务，前往齐国，拜当时著名的思想家、政治家荀子为师，苦学辅佐帝王的治国之道。

李斯学业完成，战国的形势也发生了巨大的变化，东方六国日渐衰落，只有秦国越来越强大。这时，李斯萌发了一个念头，去秦国闯荡一番。

临行前，李斯对老师荀子说："如今天下大乱，很多人过着贫困的日子，整天非议世变，却不去行动起来，闯出一片自己的天地。如今七国争雄，秦王更是打算吞并天下，统一万民。我要去秦国寻找自己的机会。"

就这样，李斯离开齐国来到了秦国。

画外音：两群老鼠的不同命运，让李斯意识到环境的重要性，他也因此决定离开衰落的楚国，前往日益强大的秦国。从这个角度来看，李斯目光长远且善于把握机遇。

◎ 从舍人变成丞相

李斯来到秦国，恰巧秦庄襄王病逝，秦国国相吕不韦权倾一时，李斯便投身吕不韦门下，当了一名舍人。李斯心思缜密，深得吕不韦的赏识，做了郎官。

李斯欣喜若狂，因为担任了郎官，就有机会接近秦王，要想实现自己的理想就方便多了。

终于有一天，李斯抓住了一个合适的机会，与秦王进行了

第一次谈话。

李斯对秦王说："当初秦穆公称霸一时，但他始终未能统一六国，原因在于当时的诸侯国众多，周王室的威望尚未衰落。因此，先后出现了五霸，都无一例外地尊奉周王室。但自秦孝公以来，周王室日渐衰落，诸侯国兼并不断，秦国也趁机发展壮大。如今秦国国力强盛，大王聪慧显明，正是灭掉六国、统一天下的最佳时机。一旦错过定会追悔莫及。"

秦王被李斯的话打动，便将他晋升为丞相府长史，并采纳他的计策，派遣游说之人前往各诸侯国，用金钱拉拢各国的名士，离间各国君臣之间的关系，之后再趁各诸侯国出现混乱之际出兵征讨，收效显著，李斯也因此被晋升为客卿。

然而，随着李斯地位的逐渐提升，一场突如其来的间谍案发生了。

原来，弱小的韩国担心被秦国吞并，派遣水工郑国以修筑水渠的名义来到秦国，让其充当间谍，以获取秦国的情报。

后来郑国之事败露，引起秦国众大臣的忧虑。他们向秦王提出建议，要求秦王驱逐所有在秦国居住的其他诸侯国人士，李斯也在被驱逐之列。

眼看自己即将离开秦国，李斯心有不甘，他给秦王写了一封长信，在信中痛斥秦国大臣提出的逐客令，认为这不但会削弱秦国的实力，同时还会因此激化秦国与各诸侯国之间的矛盾，促使各国联合抗秦。

这封信再度打动了秦王。秦王立刻下令，废除逐客令，恢复了李斯的职务，并将李斯提拔为廷尉。秦王统一六国后，李斯被任命为丞相，成为秦国显贵。

> **画外音：** 李斯获得秦王青睐最为重要的原因，在于他提出了削弱六国实力的具体可行的方法，令秦王非常高兴。由此可以看出，李斯的个人能力是非常突出的。

◎ 焚书坑儒

始皇帝三十四年（公元前213年），秦始皇在咸阳皇宫举办了一场盛大的宴会。在宴会上，齐人淳于越向秦始皇建议应当按照殷商时期的分封制对宗室子弟进行分封。秦始皇便下令由丞相李斯负责对这一建议进行广泛讨论。

不料，李斯却严厉驳斥了淳于越的观点，认为他的说法非常荒谬。李斯认为，淳于越的做法是妄议朝政，同时他又说当前各种学说的流行将对秦国的稳定造成重大负面影响。

李斯上书秦始皇说："微臣请求在全国范围内销毁《诗经》《尚书》等诸子百家的著作，限期三十天。如果仍有人私藏这些书籍，一经发现，则判处黥刑，并发配到边疆做筑城苦役。医药、占卜、种植这方面的书籍可不在销毁之列。"

秦始皇同意了李斯的奏章，下令销毁大量诸子百家著作。后来此事越闹越大，演变成著名的"焚书坑儒"事件。

在严禁诸子百家学说的同时，李斯又制定了一系列法律制度，统一了文字。其间李斯付出大量心血，深得秦始皇赞赏，李斯在秦朝的地位和影响力达到顶点。不仅他的长子李由官拜郡守，其余的儿子们也都娶了秦朝王室的公主，女儿嫁给了秦朝的宗室子弟。

不过，看到自己的地位越发稳固，李斯却怎么也高兴不起来。他私下感叹说："当年我的老师荀子曾经对我说过，任何事情切忌过了头。我李斯不过是上蔡的一介平民，市井中的普通百姓。皇上不嫌弃我的平庸，将我提拔到如此高位，如今已经到了顶点。所谓物极必反，真不知道这对我是福还是祸。"

【原著精摘】

今乃弃黔首①以资敌国，却宾客以业②诸侯，使天下之士退而不敢西向，裹足不入秦，此所谓"籍寇兵而赍盗粮"③者也。

【注释】

①黔首：黎民百姓。

②业：造就、成就。

③籍寇兵而赍盗粮：提供兵器和粮食给敌人，让他们来进攻自己。

【译文】

如今陛下您却抛弃百姓来帮助敌国，排斥宾客来成就诸侯建功立业，使得天下的有才之士退缩不敢面向西方，止步不敢来到秦国，这就叫作"提供兵器和粮食给敌人，让他们来进攻自己"呀。

恋权殒命：助纣为虐结局悲

带着问题读《史记》

权倾一时的李斯为何会被腰斩？

轻信赵高埋祸端

始皇帝三十七年（公元前 210 年），秦始皇巡行天下，中途在沙丘病逝。临终前，秦始皇嘱咐让长子扶苏回咸阳主持葬礼。但诏书尚未发出，秦始皇已经病逝。

此时，宦官赵高想扣下送给扶苏的诏书，拥立公子胡亥继位，便去游说李斯。李斯对此坚决反对，认为这是谋逆。不过，赵高对李斯随后进行的一番对话最终却改变了李斯的心意。

赵高问李斯："您与蒙恬的才能哪一个更强？"

李斯答："这要从五个方面进行比较，能力、功劳、谋略、民心及被长子扶苏的信任程度。从这五个方面看，我都比不上蒙恬。"

赵高又问："既然如此，只要您听从了我的计划，您不但能长保富贵，还能代代相传。但如果您不接受我的建议，那么一定会祸及子孙，到时您一定会追悔莫及。何去何从，我想您稍微想想就能明白。"

最终，李斯被赵高的话说服了。他流着眼泪对赵高说："谁让我身处乱世之中呢。既然不能以死尽忠，也就不在乎将身家性命托付给谁了。"

在赵高与李斯的密谋下，秦始皇的临终诏书被篡改，胡亥登上了皇帝的宝座，蒙恬的兵权被夺，被囚禁在阳周。秦始皇的长子扶苏的结局更惨，被逼自杀。

不过，这场政变的最大获益者并不是李斯，而是宦官赵高。因为拥立有功，胡亥将赵高任命为郎中令，秦朝的大权从此掌握在赵高手中，李斯的末日即将来临。

> **画外音**：李斯悲剧最为重要的一个原因，是他担心失去已经得到的地位和权力，从而丧失原则，与赵高同流合污。

◎ 贪恋权力沦为帮凶

胡亥继位后，首先想到的并不是如何治理国家，而是如何疯狂享乐。因此，他将赵高找来商议对策。

赵高说："您的不少兄弟及一些大臣们对您的继位表示怀疑，有的人甚至愤愤不平。长此以往，天下必将大乱。依我看，应该采取严酷的刑罚，让有罪之人相互揭发，再将他们全部诛杀，这样才能稳定政局。到时候陛下就可以高枕无忧了。"

　　胡亥大喜，随即颁布了残酷的法令，不仅大批臣子被杀，就连自己的十个兄弟、十二个公主也难逃厄运，受牵连之人更是不计其数。

　　胡亥的肆意妄为，使得举国上下人人自危。胡亥却认为自己的统治已经稳固，下令继续修建阿房宫，老百姓苦不堪言，整个崤山以东地区接连爆发叛乱，其中以陈胜、吴广的叛乱规模最大。

　　国家越来越混乱，李斯心急如焚。他多次想找机会劝谏胡亥，但话还没等说出口，便遭到胡亥的责备。胡亥认为，叛乱之所以日益猖獗，就是因为李斯的儿子、时任三川郡郡守的李由没有打败陈胜、吴广所领导的叛军。

　　为了镇压叛军，胡亥派遣将领章邯率军发起进攻，最终将吴广击败。这时，胡亥又想起李由的失利，心头越发恼怒，便不断派人前往三川郡追究李由的责任，同时又多次在朝堂上当众指责李斯为何身为三公却无法阻止各地的叛乱。

　　李斯非常害怕，如何才能改变胡亥对自己的不佳印象呢？他想来想去，终于想出了一个解困之法：迎合胡亥的一切想法，哪怕这些想法误国误民也在所不惜。

　　李斯明白，只要胡亥高兴，就能保住自己的荣华富贵。否则，自己的日子只会越来越难过。

　　过了没两天，李斯便昧着良心上奏胡亥，称赞胡亥的胡作非为，提出要采取更加残酷的手段。对此，胡亥非常高兴，对李斯的态度有了极大改观，也不再追究李斯儿子李由的罪责。李斯的富贵算是保住了。

但李斯万万没有想到的是，自己的灭顶之灾即将来临。

李斯的悲剧

赵高的专权引起众多大臣的不满，他担心大臣们会在皇帝面前揭露自己的罪行，便向胡亥提议，将所有的奏章都交给自己先行处理，称这样做大臣们就不敢呈报不实奏章。昏庸的胡亥一听非常高兴，从此便不再上朝，一切政务都控制在赵高的手中。

不过，赵高对已经大权旁落的李斯仍不放心，便想出一条计策陷害李斯。

赵高对李斯说："如今各地的叛乱风起云涌，而皇上却整天只顾玩乐，您为什么不去劝劝呢？"

李斯叹气，说："我早就想说了，只是没机会见到皇上。"

赵高又说："您如果真的想劝谏皇上，那我就帮您找合适的机会，到时候再通知您。"

赵高一看李斯上当，便专门找一些胡亥玩得正开心的时候让李斯前来求见，胡亥果然非常恼怒。赵高趁机说这是因为李斯对没有受到重用而产生不满，想故意让胡亥难堪。同时，赵高又诬陷李斯及其子李由与陈胜、吴广等人暗中勾结，想要推翻胡亥，自立为王。

胡亥一听，信以为真，让赵高暗中进行调查，这一消息很快被李斯得知，李斯到这时才明白上了赵高的当。为了证明自己的清白，李斯决定上奏揭发赵高。

这一天，胡亥正在甘泉离宫欣赏杂技表演。李斯无法见到胡亥，便上了一道奏章，历数赵高的罪行。但此时胡亥早已被赵高所迷惑，认为李斯是故意陷害，下令将李斯逮捕入狱。赵高命人对李斯施以酷刑，逼迫李斯承认参与谋反。最终，李斯被屈打成招。胡亥随即下令对李斯及其次子在咸阳闹市中施以腰斩之刑。

秦二世皇帝二年（公元前 208 年），李斯及其次子被杀，其全家也难逃满门抄斩的厄运。

【原著精摘】

李斯以闾阎①历诸侯，入事秦，因以瑕衅以辅始皇②，卒成帝业，斯为三公，可谓尊用矣。斯知《六艺》之归③，不务明政以补主上之缺④，持爵禄之重，阿顺苟合，严威酷刑，听高邪说，废適立庶。诸侯已畔，斯乃欲谏争，不亦末乎⑤！

【注释】

①闾阎：平民百姓。

②因以瑕衅以辅始皇：抓住机会，辅佐秦始皇。

③知《六艺》之归：原本知道儒家学说的宗旨。

④不务明政以补主上之缺：不努力修明政治，帮助君主克服

弱点。

　　⑤不亦末乎：不是太迟了吗？

【译文】

　　李斯以平民百姓的身份游历诸侯，最终到了秦国，抓住机会辅佐秦始皇，终完成统一大业。李斯官至三公，称得上很受重用。李斯知道儒家《六艺》的宗旨，却不致力于修明政治，帮助君主克服弱点，却依仗他显贵的地位，阿谀奉承，曲意逢迎，推行酷刑峻法，听信赵高邪说，废掉嫡子扶苏，立庶子胡亥。等到各地叛乱不断，李斯才想起直言劝谏，这不是太迟了吗？

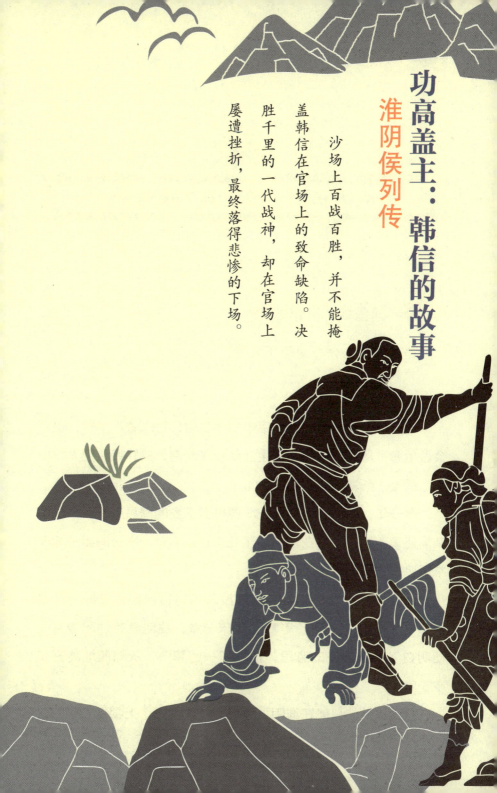

功高盖主：韩信的故事

淮阴侯列传

沙场上百战百胜，并不能掩盖韩信在官场上的致命缺陷。决胜千里的一代战神，却在官场上屡遭挫折，最终落得悲惨的下场。

贵人相助：萧何月下追韩信

韩信为什么会忍受胯下之辱？

🟠 胯下之辱

韩信，本是淮阴人氏。早年家中贫穷，他既做不了官，也不会做生意。母亲病逝后他的生活便没了着落，只好赖在别人家里蹭吃蹭喝，乡邻们都非常讨厌他。

有一年，韩信穷得没饭吃，便投靠下乡的南昌亭长。亭长待韩信还算不错，让他在家中住了几个月。不过，亭长的妻子却非常厌恶这个好吃懒做的年轻人。

一次，亭长妻子趁着韩信还没起床，自己连忙做好早饭，然后吃了个一干二净。等韩信起床一看，发现没有他的饭食，便明白了亭长妻子的意思，他发了一通脾气，灰溜溜地离开了亭长家。

从此，韩信只能在淮阴城中流浪，过着吃了上顿没下顿的日子。有一天，他来到城下的小河钓鱼。当时有几位老大娘正在河边漂洗丝絮。其中一位大娘看到韩信饿得两眼发黑，便好心将自己的饭分给了韩信。韩信狼吞虎咽，很快吃完，看着好心的老大娘，眼中泛着泪花。

此后的几十天，韩信天天都来到河边，那位老大娘也天天将自己的饭分给韩信。终于有一天，韩信忍不住对老大娘说："我日后一定会重重地回报您！"

谁知这位老大娘非常生气地说："你堂堂一个男子汉，却不能自食其力。我是可怜你才这么做的，我才不稀罕什么回报！"

韩信的好吃懒做在淮阴城人尽皆知。有位年轻的屠夫想欺负韩信，便当众对他说："你个子虽然高大，又喜欢佩带刀剑，实际上却是个胆小鬼。你要是真不怕死，就拔剑刺我，要是怕死，就从我胯下钻过去。"

在一片起哄声中，韩信看了看面前的屠夫，默默地低下了头。他弯下身子，真的从屠夫胯下钻了过去。此事很快便流传开来，满街的人都在耻笑韩信，认为他是个胆小怕事之人，认定他这辈子都不会有出息。

画外音： "一饭千金"，韩信落魄时，曾对施舍他的老妇承诺以后会重重报答。后来，韩信功成名就，衣锦还乡时赏赐她千金。

🏵 萧何月下追韩信

秦朝末年，天下大乱，韩信也离开了淮阴前往淮水去投奔项梁，从此他成为军中的一名普通士兵。后来项梁战死，韩信又依附了项羽。不过，韩信在项羽麾下只是一名郎中，虽然他多次向项羽献计，但从未被采纳。时间一长，韩信心灰意冷。

多年后，刘邦占领了蜀地，韩信便离开了项羽投奔刘邦。但这一次韩信又遭到冷遇，刘邦仅仅让他做了个接待宾客的小官，依然是默默无闻。

不过，有一个人对韩信却非常感兴趣，他曾多次找韩信谈话，认为韩信是个不可多得的人才，也曾多次向刘邦推荐。但刘邦依然对韩信不理不睬，这让此人心里非常郁闷。

这个人，便是刘邦的谋士萧何。

不久之后，刘邦离开长安前往南郑，一路上有几十名将官私自逃走。当时韩信认为虽然被萧何多次推荐，但一直没能得到重用，说明刘邦并不看好自己，便随同这几十名将官一起逃跑了。

萧何得知韩信逃走的消息后，非常着急，来不及向刘邦汇报便亲自去追赶韩信。

有人向刘邦报告："丞相萧何也跟着那几十人一起逃走了！"

刘邦勃然大怒，派人四处寻找萧何，但一直没有找到。

几天后，萧何回到军中拜见刘邦。刘邦又气又恼，大骂萧何说："听说连你都逃跑了，这究竟是为什么？"

萧何回答："我没有逃跑，只是去追一个逃跑的人。"

刘邦又问："你追的是谁？"

萧何回答："韩信。"

刘邦又好气又好笑："将官们一共逃跑了几十个，别人你都没追，单单去追韩信这个无名小辈，我不信！"

萧何回答："其他的将官随处可见，而像韩信这样的人，天下无双。如果大王只是想长期在蜀地称王，韩信派不上用场；如果大王想要争夺天下，没有韩信肯定不行。不知大王的目标到底是哪一个？"

刘邦老老实实地回答："我当然是想争夺天下，要不然怎么会成天闷闷不乐呢？"

萧何说："既然如此，大王就应该重用韩信，而不能仅仅让他担任一名普通的将军。"

刘邦爽快地回答："那我就任命他为大将军。"

萧何听了，高兴地说："大王您素来不讲礼节，举止随意。如今任命大将军，如果是随随便便，韩信还是会离开的。您应该选个吉日，进行斋戒，在广场上搭起高台，举行拜将仪式。"

刘邦要封台拜将的消息一经传开，将领们都非常高兴。不少

资深将领都觉得自己会是刘邦任命的大将军。但等到登坛拜将那天，众人才发现刘邦任命的大将军竟然是默默无闻的韩信，都感到非常奇怪。

❀ 为刘邦指明方向

刘邦虽然听取了萧何的建议任命韩信为大将军，但他对韩

信的能力还是没底。于是，他将韩信找来，问他有什么定国安邦之策。

韩信知道这是刘邦对自己的考验，便严肃地说："想要向东发展争夺天下，就一定会与强大的项羽为敌。您觉得在勇敢、强悍、仁厚、兵力这几个方面，哪些才是您的优势呢？"

刘邦想了想，摇摇头说："我哪一方面都比不上项羽。"

韩信对刘邦说："我也认为大王您比不上项羽。不过，我曾经是项羽的手下，对他非常了解。项羽有四大弱点：匹夫之勇、妇人之仁、背信弃义、尽失民心。只要大王采取与项羽完全相反的做法，必能击败项羽，夺取天下。"

刘邦认真地听着韩信的话，两眼紧盯着他。

韩信继续说："大王任用天下贤能之人，就能消灭强敌；将天下的城邑分封给有功之臣，便能让天下有才之士臣服；废除秦朝苛酷的刑罚，就能得到民心；率领一心想打回老家的将士们，必能激发将士们的斗志，战无不胜；与原本秦朝的百姓们约法三章，做到对百姓秋毫无犯，三秦的百姓们就一定会听从您的号令。只要您做到这几点，就能击败项羽夺得天下！"

直到这时，刘邦才真正明白萧何为自己找到了一位奇才。从此他对韩信言听计从，全军也开始厉兵秣马，积极准备出兵关中，与项羽争夺天下。

【原著精摘】

上问曰："如我能将几何①？"信曰："陛下不过能将十万。"上曰："于君何如？"曰："臣多多而益善耳。"上笑曰："多多益善，何为为我禽②？"信曰："陛下不能将兵，而善将将，此乃信之所以为陛下禽也。且陛下所谓天授，非人力也。"

【注释】

①能将几何：能统率多少兵力。

②禽：抓获。

【译文】

刘邦问韩信："以我的才能可以统率多少兵马？"韩信回答："陛下最多不超过十万兵马。"刘邦又问："你又怎么样呢？"韩信回答："我是越多越好。"刘邦笑着说："你是越多越好，那为什么还会被我所管控？"韩信回答："陛下不善于统领士卒，但是善于驾驭大将，这就是我能被陛下管控的原因。况且陛下的这种才能是与生俱来的，不是普通人依靠努力可以做到的。"

战绩卓著：横扫六国立大功

带着问题读《史记》

韩信究竟有何战功？

◉ 背水一战

公元前 206 年，项羽出兵进攻齐地的田荣，韩信向刘邦建议，抓住这一有利时机出兵南郑夺取关中。同年八月，汉军攻占重镇陈仓，平定三秦。第二年，韩信率部出兵函谷关，魏王、河南王、韩王、殷王归顺刘邦。

此后，刘邦又联合齐王、赵王夹攻项羽。经过一番苦战，韩信最终在京、索一带击败项羽大军，取得了与项羽交战的首次胜利。

公元前 205 年八月，刘邦任命韩信为左丞相，讨伐投降项羽的魏王豹。魏王豹将重兵部署在蒲坂一带，封锁黄河渡口。韩信将计就计，做出渡河的假象，将重兵集结于夏阳一带，发动突然袭击，偷袭安邑地区。魏王豹惊慌失措，与韩信激战，最终被韩信生擒活捉。

　　此战获胜后，韩信又奉命向东挺进，进攻赵国和代国。经过一个多月的激战，韩信再度大获全胜，攻下了魏国和代国。

　　韩信接下来的目标是实力强劲的赵国。由于战前刘邦从韩信军中抽调了部分精锐增援荥阳战场，此时韩信手中的总兵力不足，而赵国兵力却是他的数倍。

　　面对敌强我弱的战场形势，韩信沉着冷静。他下令全军在井陉（xíng）口三十里处驻扎，又挑选了两千精锐，每人手持一面红旗，沿小路上山，伪装隐蔽，侦察赵军的动向。韩信对将领们说："战斗一旦打响，赵军必定倾巢而出，你们就迅速冲进赵军的营寨，拔掉赵国的旗帜，换上我们的红旗。"韩信又说，"打败赵军之后，我们将举行盛大的庆功宴。"

　　由于敌军兵力众多，不少将领心中非常担心，即便听了韩信的豪言壮语，大家心里还是很不踏实，只能假装附和。随后，韩信又下令以一万士兵作为先头部队，背靠大河摆开阵势。赵军见汉军没有退路，纷纷嘲笑韩信不懂用兵。

　　战斗打响后，韩信率军从井陉口出发，攻击赵军营寨，赵军依仗兵力优势，发起反击，很快发现汉军丢盔卸甲、仓皇而逃，一直向河边撤退。赵军倾巢而出追击汉军，将汉军逼到了河边。此时，汉军已无退路，只能殊死抵抗。

　　就在战事胶着之际，埋伏在山上的汉军及时出现，冲进赵军营寨，插上了两千面汉军的红旗。而汉军的顽强抵抗，也让赵军无法获胜，只得向营寨撤退。直到这时，赵军将士才发现营寨里都是汉军的旗帜，众人惊慌失措，以为汉军已将赵王俘虏，斗志全无。韩信趁机发起反攻，大败赵军，最终俘虏了赵王。

战后，韩信又向赵王的谋士李左车虚心请教，咨询攻取燕国和齐国的方法。李左车深受感动，提出按兵不动、稳定赵国局势的策略，同时摆出攻打燕国的架势，然后再派人去游说燕国，同燕国分析双方的力量对比，以达到不战而胜的目的。李左车建议，一旦燕国归顺，再派人前往齐国，齐国也就自然而然会投降。

韩信采纳了李左车的提议，派遣使者前往燕国，燕国果然表示归顺。

妙策破齐

收降燕国后，韩信又向齐国进军。就在韩信进军的同时，刘邦的谋士郦食其已经说服了齐王归顺刘邦。但辩士蒯（kuǎi）通却认为韩信并没有得到刘邦停止进攻的命令，应该全力发动进攻。最终，韩信听从了蒯通的意见，向驻扎在历下的齐军发起攻击，一直打到了齐国的都城临淄。

此时，原本已经决定归顺的齐王田广认为郦食其欺骗了自己，下令将其烹杀，并集中了全国所有的将士，同韩信决战。项羽听说后，又派龙且率军前去协助齐王。双方在潍水一带摆开阵势，一场决战即将开始。

战前，有人向龙且提议，韩信骁勇善战，齐国的士兵战斗力不强，应当深沟高垒，坚守不出，让齐王派人前往被韩信攻占的

城邑进行招抚，这些城邑必定会背叛韩信。到那时韩信得不到粮草供应，必将不战而败。

　　然而，龙且很瞧不起韩信，认为一战必能击败韩信，他拒绝了这一建议，出兵与韩信交战。

　　战斗打响前夕，韩信命人连夜赶制了一万个袋子，装上沙子，堵在了潍水的上游，自己只带了一半的军队渡河作战。

　　战斗打响后，韩信佯装战败，龙且在后紧追。就在龙且的大军渡河之际，韩信命人打开上游堵水的沙袋，河水倾覆而下，将龙且的军队困在水里。韩信率军杀回，大败敌军，龙且被杀死，此战过后，齐王田广逃走，韩信占领了齐国。

　　兴高采烈的韩信随即给刘邦写了一封亲笔信。不料，刘邦看过信后，勃然大怒。

画外音：韩信高超的军事指挥才能，在楚汉争霸期间得到了淋漓尽致的表现，是刘邦集团最为骁勇善战、足智多谋的将领，堪称一代英杰。

【原著精摘】

　　于是信、张耳详①弃鼓旗，走水上军。水上军开入之，复疾战。赵果空壁②争汉鼓旗，逐韩信、张耳。韩信、张耳已入水上军，军皆殊死战，不可败。

【注释】

①详：假装。

②空壁：全军离开军营。

【译文】

韩信和张耳假装战败，抛弃战鼓和旗帜，逃回河边的阵地。河边阵地的军队打开营门放他们进去，而后与赵军展开激战。赵军果然全军离开军营，一起追逐韩信和张耳。韩信和张耳已经进入河边阵地，全军殊死奋战，赵军无法将他们击败。

功高盖主：一世英名转头空

带着问题读《史记》

韩信因何而死？

🔵 蒯通的劝说

原来，就在韩信打败齐王的时候，刘邦却在荥（xíng）阳被项羽重重围困。韩信在信中对刘邦说，齐国人反复无常，又与楚国毗邻，局势不易稳定，建议刘邦设立一个代理齐王，以便控制齐国局势。

刘邦认为韩信这是借此机会要求自封齐王，忍不住大骂韩信。幸亏张良、陈平二人暗中提醒刘邦，认为不如顺水推舟封韩信为齐王，否则韩信很容易发动叛乱。

经过提醒，刘邦终于冷静下来，下令将韩信封为齐王，并派张良前往齐国宣布这一任命，同时征调韩信的军队前来荥阳救援。

就在刘邦对韩信心生嫌隙的同时，项羽也派盱眙（xū yí）人武涉前来游说韩信，希望韩信能与自己一起对付刘邦。韩信对此严厉拒绝。他对武涉说，刘邦对自己恩重如山，自己至死不会背叛。

　　不过，武涉的游说却令蒯通意识到韩信的力量足以改变天下大势。于是，他对韩信说，虽然韩信为刘邦立下大功，但却有功高盖主之嫌，建议他不如与刘邦、项羽三分天下。

　　蒯通的话令韩信有些心动，但他思虑再三，认为自己为刘邦立下奇功，将来刘邦一定不会亏待自己，便拒绝了蒯通的提议。

　　画外音：虽然韩信在军事上的才能无人能及，但他在政治上的低情商也是有目共睹，这也为他日后的悲剧埋下了伏笔。

◎ 功高盖主

　　公元前 202 年，楚汉战争进入最后阶段。刘邦、韩信等人将项羽围困在垓下一带，韩信率军全歼项羽十万大军，项羽本人在乌江自刎。不过，就在韩信大获全胜后不久，刘邦却突然来到韩信的军营，收回了他的兵权，改封韩信为楚王。

　　韩信回到楚国后，找到了当年曾送饭给他吃的老大娘，赏赐她千金，兑现了自己当年的承诺。随后，他又召见了当年让自己承受胯下之辱的屠夫。韩信当众对此人说："就是这个人，当年让我蒙受胯下之辱。难道当时我不能杀了他吗？其实完全可以。但是就算杀了他，也没有意义，所以就忍了下来，这才有了今天的成就。"

　　韩信担任楚王后还做了一件事：他收留了项羽的旧将钟离昧，而刘邦对此人非常憎恨。听说他被韩信收留，便下令韩信将其逮捕，

而韩信却私自将他藏了起来。

这件事情很快便传到了刘邦的耳朵里，刘邦非常愤怒。谋士陈平献计，以刘邦的名义通知各地诸侯赶往陈地相会，利用这个机会偷袭韩信。这一消息被韩信得知，他惊恐万分，一度想起兵谋反，后来又觉得自己并没有什么罪过，放弃了谋反的念头，打算去觐见刘邦，却又担心无辜被抓。

此时，有人向韩信建议，只要杀了钟离眜就能洗刷嫌疑。韩信信以为真，便杀了钟离眜，并带着他的头颅去见刘邦。结果，刘邦还是没有饶过韩信，罢免了他的楚王之位，改封他为淮阴侯。直到这时，韩信才明白，自己功高盖主，已经成了刘邦的眼中钉。

从此之后，韩信经常假借患病不去上朝。后来自己的好友、钜（jù）鹿太守陈豨（xī）前来探望，韩信与他密谋叛乱。到了公元前197年，陈豨果然起兵叛乱，刘邦御驾亲征，韩信暗中部署，准备乘乱袭击吕后并夺取京城。但就在事发之前，消息泄露，吕后与萧何设计将韩信抓获并杀死。一代名将就这样消失在了历史长河中。

【原著精摘】

信至国[1]，召所从食漂母，赐千金。及下乡南昌亭长，赐百钱，曰："公，小人也，为德不卒。"召辱己之少年令出胯下者以为楚中尉。告诸将相曰："此壮士也。方辱我时，我宁不能杀之邪？杀之无名②，故忍而就于此。"

【注释】

①国：下邳。

②杀之无名：杀了没有意义。

【译文】

韩信来到下邳，召见曾经分给他饭食的老大娘，赐给她千斤黄金。还召见了下乡的南昌亭长，赐给了一百钱，并说："你是个小人，做好事有始无终。"又召见当年让自己遭受胯下之辱的人，将他任命为楚国的中尉，并告诉将领们说："这是位壮士。当年他侮辱我时，难道我不能杀了他吗？但杀了他没有任何意义，所以我忍受了一时的侮辱，才有了我今日的成就。"

生不逢时：李广的故事

李将军列传

虽威震边陲，却始终未能封侯；虽战功卓著，最终却只能以自杀收场。从平定七国之乱开始，李广的一生就注定充满坎坷。

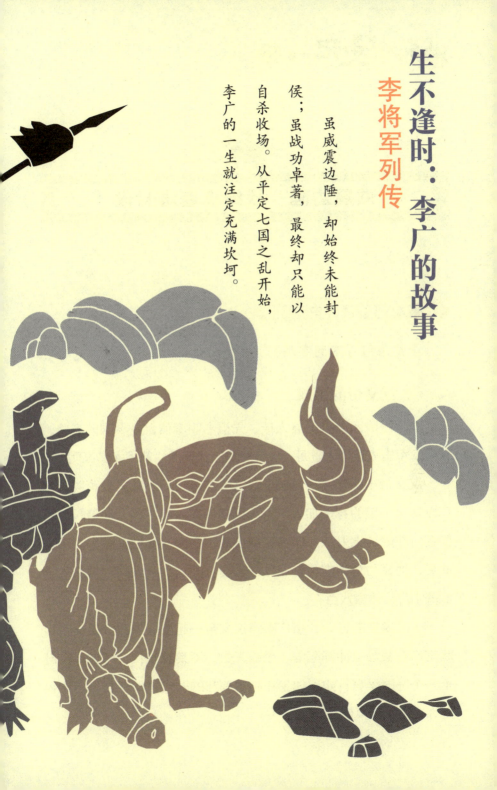

威震边陲：战绩卓著难封侯

带着问题读《史记》

李广为何得不到赏赐?

◎ 汉文帝的感叹

李广是陇西郡成纪县人氏，先祖名叫李信，是秦国的名将，曾经率军击败燕国太子丹。李广家族历代习武，箭术尤其高明。

汉文帝十四年（公元前166年），匈奴兵大举进攻萧关，李广以良家子弟的身份加入汉军，抵御匈奴入侵。因为他擅长骑马射箭，在战场上射杀、俘虏了不少敌军，很快便被任命为中郎。此后，他又与堂弟李蔡并肩作战，屡获战功，两人同时被晋升为武骑常侍，俸禄八百石。

一次偶然的机会，李广跟随汉文帝一起出征杀敌。汉文帝目睹李广在战场上冲锋陷阵、杀敌无数，不禁感叹："可惜你没赶上一个好时候啊！如果你生在高祖刘邦的时代，即使封个万户侯对你来说也不算什么。"

汉文帝病逝后，汉景帝继位。李广被任命为陇西都尉，没过几年他又被晋升为骑郎将。"七国之乱"期间，李广被任命为骁骑都尉，跟随太尉周亚夫一起打败叛军。在昌邑一战中，李广勇夺叛军军旗，扬威全军。

不过，由于梁孝王私自授予李广将军印绶，封他为将军，此事犯了朝廷的大忌。全军班师回朝后，不少将领得到晋封，反倒是李广没有得到朝廷的赏赐，仅仅被任命为上谷太守。由于上谷地处边地，与匈奴相邻，李广与匈奴较量则成了家常便饭。

李广的英勇很快便引起了主管民族事务的典属国公孙昆邪的注意。他趁着汉景帝召见之时哭着说："李广的才能普天之下找不出第二个人，可他对自己本领过于自信，时常与敌军展开厮杀，常常采用硬碰硬的方式。这样下去，迟早有一天会发生意外。"

公孙昆邪的这番话打动了汉景帝。发现军中有个难得的猛将李广，这让汉景帝非常高兴。于是，他下令将李广封为上郡太守，后来又命其担任陇西、北地、雁门、代郡、云中等多郡太守。李广在职期间，战绩卓著，名震边陲，令匈奴很是忌惮。

画外音：李广的成名，是因为他的骁勇善战，备受皇帝的关注并得到提拔。但他性格的强硬，却为他后来的悲剧埋下伏笔。

◎ 上郡遇险

没过几年，匈奴再度入侵上郡，汉景帝派了一名宦官跟随李广的军队一同出征。

一天，这名宦官带着几十名骑兵外出巡视，途中突然遇到了三个匈奴人，双方随即交手。匈奴人张弓搭箭，不仅射伤了宦官，还将几十名骑兵射死大半。众人惊恐不已，慌忙逃回军营，并将此事告诉了李广。

李广沉吟片刻，说："你们一定是遇上了匈奴的射雕手。"

过了一会儿，李广召集一百名骑兵，飞奔而出，去追赶这三名匈奴人。

这三名匈奴人没有骑马，步行离开。李广追了几十里，终于将他们追上。李广下令两面包抄，将三人包围，亲手射死二人，活捉一人，为死伤的士兵报了仇。经过审问，这三人果然是匈奴的射雕手。

就在李广将俘虏绑上战马准备离开之际，突然发现不远处有几千名匈奴骑兵疾驰而来。

匈奴骑兵没料到会突然遇上汉军，非常吃惊，立刻摆开阵势准备迎战。

眼看敌众我寡，李广带来的一百名骑兵也非常慌张，有的甚至掉转马头，准备逃走。

这时，李广镇定自若。他对部下们说："我们现在距离营寨有几十里远，援兵不可能赶来。而我们只有一百人，如果现在逃走，必定会被全歼。如果我们留下来不走，对方就会认为我们只是先头部队，主力随后便会赶到。这样一来，他们就肯定不敢轻易发起攻击。"

李广随即带着这一百名骑兵向匈奴骑兵摆开的阵势前进。

当行至距离对方尚有二里远近时，李广命令部下停了下来，并开口说道："大家都下马，把马鞍也卸下来。"

有人不明白李广的目的，便问："敌人人数众多，与我们的距离又这么近，万一出现紧急情况，该怎么办？"

李广说："我们不但不逃，反而卸下马鞍，这就表明我们是有备而来。这些匈奴兵反而不敢攻击我们。"

事实也正如李广所预料的那样。匈奴骑兵被李广的举动所迷惑，谁也不敢发起进攻，双方形成了对峙之势。

过了一会儿，一名骑白马的匈奴将领稍稍向前，打算探探情况。此时，李广突然骑上战马，带着十个骑兵像闪电般冲了过去，一箭将其射死。

之后，李广与这十几名骑兵又若无其事地回到自己的队伍中，再一次卸下了马鞍。同时，李广又下令让士兵们放开自己的战马，躺在地上休息。

此时，天色渐渐昏暗下来。匈奴骑兵认为李广等人的举动非常可疑，担心汉军主力就埋伏在附近，坐等自己上钩。于是全部撤走了。

直到第二天天亮，李广才带着这一百名骑兵，平安地回到了

军营。

☸ 耻辱的一战

景帝后元三年（公元前 141 年），汉景帝病逝，汉武帝继位。朝臣们一致认为李广长期坚守边陲，是位名将，应该得到重用，便建议汉武帝将李广调入京城为官以示奖赏。不久，汉武帝下令，将李广调入京城长安，担任未央宫卫尉一职。

到了元光二年（公元前 133 年），汉武帝听从大臣王恢的建议，想以马邑城为诱饵引诱匈奴单于，设计对匈奴以重创。为准备这场战事，汉武帝派遣护军将军韩安国负责指挥，又任命李广担任骁骑将军，配合作战，集结重兵埋伏在马邑附近的山谷中。

不过，战事尚未开始，匈奴单于却发现了汉军的企图，提前逃走。李广无功而返。又过了四年，李广被撤销了卫尉的职务，重新担任将军，率领军队前往雁门关与匈奴作战。不过，由于敌众我寡，此役李广遭遇惨败，不仅将士死伤无数，自己也负伤被俘。

听说名将李广被俘的消息，匈奴单于欣喜异常，下令一定要将李广活着带回去。于是，匈奴士兵便让李广躺在用绳子结成的大网之中，两头分别绑在两匹马背上。为麻痹匈奴兵，李广一动不动地躺着装死。

就这样，李广被几个匈奴兵押着走了十多里地。眼看对方放松了警惕，李广睁开眼睛，环顾四周。此时，他发现旁边有一个匈奴少年骑着一匹好马，便突然一跃而起，将匈奴少年推下战马，抢了他的弓箭，自己打马扬鞭，向南一路狂奔。

匈奴将领发现李广逃走，随即派出几百骑兵在后紧紧追赶。李广边跑边射，最终摆脱了追击成功逃脱。

然而，李广回到京城长安，等待他的却是汉朝律法的惩罚。主管官员认为，雁门关之战中，李广战败，导致大量将士伤亡，他本人又曾被敌人俘虏，应当斩首。幸好李广用钱赎了罪，被贬为平民。

【原著精摘】

广出猎，见草中石，以为虎而射之，中石没镞①，视之石也。因复更射之，终不能复入石矣。广所居郡闻有虎，尝自射之。及居右北平射虎，虎腾伤广，广亦竟射杀之。

【注释】

①镞：箭头。

【译文】

李广外出打猎，看见草里的一块石头，以为是老虎，一箭射去，射中石头，连箭头都射了进去，过去一看，才发现是石头。接着，他重新再射，始终无法再射进石头。李广在各郡驻扎的时候，只要听说有老虎，就常常亲自前去射杀。驻扎右北平射虎时，老虎跳起来伤了李广，但最终李广还是射死了老虎。

再战匈奴：出师未捷自刎亡

带着问题读《史记》

李广为何要自杀而亡？

◉ 再度出山

被贬为平民后，李广回到家乡，与颍阴侯灌婴的孙子一起隐居。数年后，匈奴进犯辽西，杀死当地太守。汉武帝下诏任命李广为右北平太守，蛰伏多年的李广这才重新回到了他热爱的沙场。

匈奴得知汉武帝重新起用李广，非常惊慌，称李广是"汉朝的飞将军"，连续数年都不敢进犯右北平。

几年后，郎中令石健病逝，汉武帝召见李广，任命他为郎中令。元朔六年（公元前123年），李广改任后将军，跟随大将军卫青一起从定襄出兵征讨匈奴。此战汉军大获全胜，不少将领因战功被封了侯，但李广却因战功不够没有获得任何赏赐。

两年后，李广以郎中令的身份率领四千骑兵从右北平出发，与博望侯张骞的一万骑兵一起出征匈奴。根据战前部署，李广与

张骞的军队兵分两路，分别向敌军发起进攻。

李广率军前进了几百里，突然遭遇匈奴左贤王四万兵马的团团围困。敌众我寡，李广一面安抚士兵，一面加快速度布置防御阵地。

战斗打响，匈奴士兵箭如雨下，汉军死伤惨重。李广下令士兵放箭还击，自己也亲自参加战斗，射死匈奴的副将，杀伤数名敌军。看到李广亲自参加战斗，将士们的紧张心情才逐渐放松，与李广一起并肩作战，拼命阻挡敌军的疯狂进攻。

第二天，张骞的军队赶到，匈奴兵终于撤退。战后统计伤亡数字时才发现，李广的四千人马几乎全军覆没，战事也因此无法继续，只好班师回朝。

此战失利的最大原因在于张骞耽误了行程，导致李广被围。按照当时的法律，李广功过相抵，既无赏赐也没有受到处罚。

两年后，汉武帝又下令让大将军卫青和骠骑将军霍去病率军大举征讨匈奴。李广求战心切，多次请求随行参战。但汉武帝认为李广年事已高，拒绝了李广的请求。李广心急如焚，再度上奏要求参战。最终，汉武帝任命他为前将军，与卫青和霍去病一起征讨匈奴。

不过，李广做梦也没想到，此战不仅是他最后一次在战场上杀敌，也是他生命的尽头。

◎ 李广的悲剧

汉军到达边塞后不久，卫青抓获了一名匈奴人，从他的嘴里得知了匈奴单于的居住地。于是，卫青自己率领主力追赶单于，命李广的右将军赵食其，从东路出发发动进攻。不过，这条道路不仅距离遥远，水源、草料供应也非常稀少，并不适合大军行动。

对此，李广非常焦急。他对卫青说："我是前将军，而且多年与匈奴作战，直到今天才有直接消灭匈奴单于的机会。请您让我担任先锋，与单于决一死战！"

然而在出征之前，汉武帝就暗中叮嘱过卫青，李广年纪太大，运气也一直不好，他要求卫青不要让李广与单于决战，担心会出现意外。而卫青也不看好李广，他认为由自己的好友、中将军公孙敖担任先锋更为合适。

对于卫青的小算盘，李广心中非常明白。他多次求战不成，只好闷闷不乐地回到驻地，随后按照卫青的命令与右将军赵食其的军队合在一起，从东路出征。

谁知，李广的大军在出发后不久便因为没有向导而迷路，远远落在了大将军卫青之后，导致卫青在无法得到李广这支生力军协助的情况下单独与单于作战，结果单于逃走，卫青只好收兵返回。

卫青在返回的途中，一直派人探听李广大军的下落。直到他穿过沙漠，才遇见了刚刚行至此地的李广和赵食其。卫青心中很不高兴，便命长史去见李广和赵食其，希望了解他们迷路的经过，以便向汉武帝解释原因。

而李广也因没有得到作战的机会而心生不满，拒绝回答长史的提问。此时，长史心中焦急，便提出让李广的幕僚到卫青那里接受审讯。听罢，李广脸色一变，高声对长史说："他们都没有错！是我自己迷了路。我现在就陪你去找大将军接受审讯！"

回到大将军幕府，李广对部下说："我从年轻时开始与匈奴作战，历经大小战事七十多次。这次很幸运能跟随大将军一起出征，本来可以直接和匈奴单于作战，可大将军又把我的部队调开，去走迂回遥远的路。我又在途中迷路，这难道不是天意吗？况且我已经六十多岁了，实在是不能忍受那些刀笔吏的侮辱了。"李广说完，拔刀自尽。一代名将就这样离开了人世。

画外音："没石饮羽"，传说飞将军李广出猎，见草中的一块大石，以为是老虎而射之，箭入石，连箭上的羽毛也隐没在了石头里。可见李广箭术之精湛。

【原著精摘】

蔡为人在下中，名声出广下甚远，然广不得爵邑，官不过九卿，而蔡为列侯，位至三公。诸广之军吏及士卒或取封侯。广尝与望气[①]王朔燕语[②]，曰："自汉击匈奴而广未尝不在其中，而诸部校尉以下，才能不及中人，然以击胡军功取侯者数十人，而广不为后人[③]，然无尺寸之功以得封邑者，何也？岂吾相不当侯邪？且固命也？"朔曰："将军自念，岂尝有所恨[④]乎？"广曰："吾尝为陇西守，羌[⑤]尝反，吾诱而降，降者八百余人，吾诈而同日杀之。至今大恨独此耳。"朔曰："祸莫大于杀已降，此乃将军所以不得侯者也。"

【注释】

①望气：古代的一种迷信活动。

②燕语：闲谈。

③不为后人：不在人后，不比人差。

④恨：遗憾。

⑤羌：古代西北的少数民族。

【译文】

李蔡的才干仅属于下等之中，名气远逊于李广，然而李广得不到封爵和封地，官位不超过九卿，而李蔡却被封为列侯，官位达到三公。李广属下的军官和士兵中，也有人得到了侯爵之封。李广曾和观察星象气象、占卜吉凶的阴阳家王朔私下闲谈说："自从汉朝攻打匈奴，我参加了所有的战事。而各军校尉以下的军官，其才能还不如中等人，而因军功被封侯的竟有几十人。我李广不比别人差，但却无法得到封地，这是何原因呢？难道是我的骨相就不该封侯吗？还是命该如此呢？"

王朔问："将军您回想一下，可曾做过悔恨的事？"

李广回答："我曾担任过陇西太守。有一次羌人造反，我设计诱降，投降的有八百多人，我用欺诈手段在同一天将他们全杀了。直到今天只有这件事情让我觉得悔恨。"

王朔说："能使人受祸的事，没有比杀死已投降的人更大的了，这也就是您不能封侯的原因。"

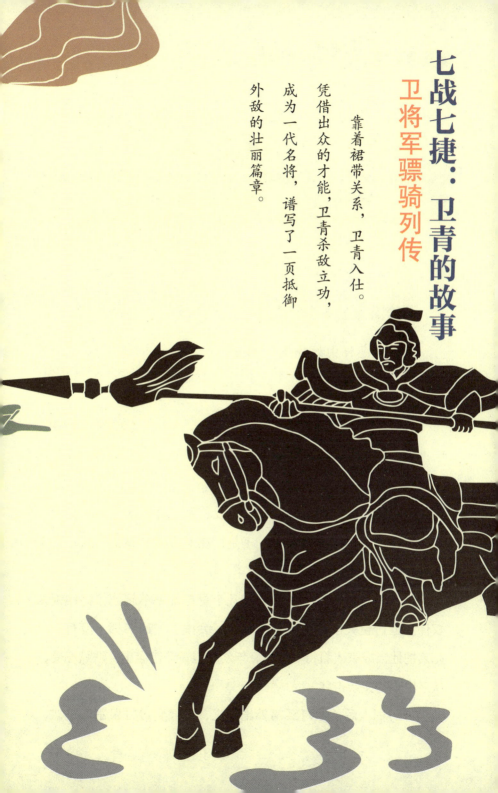

七战七捷：卫青的故事

卫将军骠骑列传

靠着裙带关系，卫青入仕。凭借出众的才能，卫青杀敌立功，成为一代名将，谱写了一页抵御外敌的壮丽篇章。

裙带发迹：因祸得福获赏识

带着问题读《史记》

卫青是怎样由奴仆变成显贵的？

◎ 悲惨的童年

卫青，字仲卿，平阳县人，父亲郑季，原本是县里的一名小吏，后来被派往平阳侯家中当差。谁知郑季居然与平阳侯的女奴卫媪（ǎo）私通，后来便生下了卫青。

卫媪的丈夫早逝，留下一子三女，她与郑季私通后，又生下了卫青，家里负担越发沉重。于是，在卫青年龄尚小之时，父亲便将他带回了家中，整天让他牧羊。

由于卫青是个私生子，他的几个哥哥都瞧不起他，将他视为奴仆。卫青整天挨骂受气，时不时还会挨上一通拳脚，没有一个兄弟把他当成家人看待。不过，年幼的卫青非常懂事，默默忍受，从来也不向父亲告状。

年龄稍大后，卫青经常外出做工，曾经到过甘泉宫。一次，有名脖子上戴着枷的囚犯看到卫青，觉得卫青异于常人，赞叹说："你是个大富大贵之人，日后一定会做官封侯。"

卫青却苦笑了一下，回答说："我只不过是一个女奴所生的孩子，不挨打、被骂就已经心满意足了，哪里还敢奢望做官封侯的美事？就这么过一天算一天吧。"

◉ 靠裙带关系上位

长大后，卫青来到平阳侯府，成了平阳侯府的家骑，随从平阳公主。

到了建元二年（公元前139年），卫青同母异父的姐姐卫子夫被招至宫中。很快，卫青就被招至建章宫当差。虽然他依旧默默无闻，但日子却比以前好过得多，而且还结识了一名担任骑郎的朋友公孙敖，卫青的心里别提有多高兴了。不过，他做梦也没有想到，一场后宫争斗突然爆发，害得他险些丢了性命。

原来，姐姐卫子夫入宫后的第二年得到了汉武帝的宠幸，有了身孕。这本是天大的好事，却引起了陈皇后的不满。

这位陈皇后平日在后宫就专横跋扈，无人敢惹。陈皇后嫁给汉武帝，一直没能生下儿子，心中沮丧，听说卫子夫有了身孕，心生嫉妒。但她又不敢直接招惹卫子夫，便派人将卫青提拿下狱，胡乱安了个罪名，打算将他杀死。

就在这个关键时刻，卫青的朋友公孙敖挺身而出，冒险将卫青从监狱里救出，卫青这才免于一死。但这件事情越闹越大，

最后传到了汉武帝的耳朵里。

　　经过一番调查，汉武帝终于明白了事情的原委，他勃然大怒，将卫子夫封为夫人，又将卫青任命为建章监，后来又升为侍中，赐给卫青的赏赐多达千金。

　　在此后的十年时间里，卫青的仕途一帆风顺，官至太中大夫，执掌朝政议论。

　　除了处理本职事务外，卫青还经常跟随汉武帝一起射熊搏虎、演兵习武。久而久之，他不仅练就了一身出色的本领，同时对军事也产生了浓厚的兴趣。不过令卫青没想到的是，他的一举一动得到了汉武帝的高度关注。

画外音：卫青的发迹无疑与姐姐卫子夫有着极大的关系，但他也逐渐显露出在军事上的巨大潜质，因此得到了汉武帝的关注，为后来成为名将打下了坚实的基础。

【原著精摘】

　　青同母兄卫长子，而姊卫子夫自平阳公主家得幸天子①，故冒姓为卫氏②，字仲卿。长子更字③长君。长君母号为卫媪。媪长女卫孺，次女少儿，次女即子夫。后子夫男弟步、广皆冒卫氏。

【注释】

①得幸天子：被天子宠幸。

②冒姓为卫氏：冒充姓卫。

③更字：更改表字。

【译文】

卫青的同母哥哥叫卫长子，同母姐姐卫子夫在平阳公主家得到汉武帝的宠幸，所以冒充姓卫。卫青，表字为仲卿。卫长子更改表字叫长君。长君的母亲叫卫媪。卫媪的大女儿叫卫孺，二女儿叫卫少儿，三女儿就是卫子夫。后来卫子夫的弟弟卫步和卫广都冒充姓卫。

抗击匈奴：远征大漠成名将

带着问题读《史记》

卫青是如何威震漠北的？

出征匈奴

元光五年（公元前130年），汉武帝决定出兵攻打匈奴。卫青被拜为车骑将军，从上谷发起进攻；太仆公孙贺为轻车将军，兵出云中；太中大夫公孙敖为骑将军，出兵代郡；卫尉李广为骁骑将军，出兵雁门。将领们每人率军一万。这也是卫青从文职转为军职后第一次率军参加实战。

战斗打响后，进展并不顺利。轻车将军公孙贺未遇敌军，无功而返；骑将军公孙敖损失七千骑兵，几乎全军覆没；骁骑将军李广兵败被俘，侥幸逃回。只有卫青率军攻至龙城，消灭敌军七百多人，大胜而归，成为此次出征唯一亮点。

战斗结束，李广、公孙敖依律当斩，后来都出钱赎罪被贬为平民，唯有卫青获得赏赐，被汉武帝册封为关内侯。

元朔元年（公元前 128 年），卫青再度奉命出征，他率领三万骑兵从雁门出击，迎战匈奴。卫青在此役中歼灭敌军数千人。到了第二年，匈奴入侵辽西郡，杀害当地太守，掳掠渔阳郡百姓两千人之多，又击败了韩安国的军队。

汉武帝随即下令，由将军李息率军从代郡出发进攻匈奴，又命卫青从云中向西进兵协同作战。卫青猛冲猛打，攻占高阙地区，夺回被匈奴占领的河南地，随后兵锋直指陇西，俘虏敌军数千人，缴获牲口几十万头。朝廷随即将河南地设置为朔方郡，恢复了对该地的管制。

为表彰卫青在此战中的卓越战绩，汉武帝将卫青晋封为长平侯，食邑三千八百户。卫青的部下苏建、张次公也因战功被封侯。至此，卫青成为抗击匈奴的名将。

◎ 荣升大将军

元朔五年（公元前 124 年）春，匈奴右贤王大举入侵。汉武帝下令由卫青率领三万骑兵从高阙出兵迎敌，以卫尉苏建为游击将军、左内史李沮为强弩将军、太仆公孙贺为骑将军、代相李蔡为轻车将军，归属卫青麾下一同参战。同时，汉武帝又下令封大行李息、岸头侯张次公为将军，率部从右北平出发，对匈奴呈夹攻之势，力图对其造成致命打击。

不久，卫青大军突然出现在匈奴右贤王的面前，而匈奴却误以为卫青大军不敢进入该地，防御松懈。卫青在夜间突然发动攻势，匈奴军队崩溃，右贤王只好带着一个爱妾和数百名侍卫仓皇逃走。

汉军大获全胜。

战斗结束时，卫青不仅俘获右贤王麾下裨王、副将十余人，男女民众一万五千多人，还缴获牲口一百多万头。

这一重大胜利使得远在长安的汉武帝十分高兴。卫青率部回到边塞后，汉武帝派使者手持大将军印，拜卫青为大将军，命其班师回朝，接受朝廷封赏。

卫青回到京城后，汉武帝下诏，正式册封其为大将军，增加食邑六千户，同时封卫青的儿子卫伉为宜春侯，卫不疑为阴安侯，卫登为发干侯。不过，卫青却婉言谢绝了汉武帝的封赏。

卫青对汉武帝说，此次战斗的胜利，有赖于手下众将的齐心协力，而自己的三个儿子年龄尚小，战功也不够，不应该受封为侯。卫青提出，应该封赏此次战斗中有功的将领以鼓舞士气。

汉武帝下诏，对作战有功的公孙敖、韩说、公孙贺、李朔等人进行了封赏。

◎ 拒绝独断专权

第二年春天，征讨匈奴的战争再次开启。卫青率领中将军公孙敖、左将军公孙贺、前将军赵信、右将军苏建、后将军李广、强弩将军李沮等将领从定襄出发，向匈奴展开进攻。

最初，汉军进展顺利，斩杀敌军数千人，返回定襄。

一个月后，卫青率军再度出征，又擒杀敌军一万多人。不过，右将军苏建和前将军赵信所率三千多人却与匈奴单于主力意外相遇。经过一天激战，汉军死伤无数，前将军赵信在交战中投降匈奴，汉军形势更加不利，最终仅有右将军苏建一人侥幸生还，三千汉军全军覆没。

如何处置兵败的右将军苏建，在卫青的帅帐中引发了一场争论。议郎周霸认为自从卫青掌军以来，从未杀过副将以上的将领。如今苏建兵败，正好可以将其斩首树立威信。

不过，周霸的建议却遭到军正闳（hóng）和长史安的反对。他们认为苏建以数千之众抵抗单于的数万精锐，誓死不降，最终杀出重围回到军营。如果将其诛杀，就等于是告诉其他将士，一旦兵败就只有战死或者投降，别无出路，这将对将士的士气造成严重打击。因此，他们认为不应该诛杀苏建。

这时，一旁的卫青开口说："我卫青凭借皇亲的身份领兵出征，并不担心没有威信。周霸劝我杀死苏建树立威信，这违背了我的本意。即使我有临阵斩将的权力，也不能擅自诛杀大将，此事应该由皇上裁决，做臣子的不敢独断专权。这样岂不是更好？"

正因为卫青的这番表态，苏建最终保住了性命。后来他被汉武帝贬为平民，没过几年又被再度起用，官至代郡太守。

> **画外音：**卫青之所以成为一代名将，主要有三个方面的原因：一是汉武帝对他的高度信任，二是作战勇猛，三是具有领导才能，善于团结部下。

◎ 最后一战

元狩四年（公元前 119 年）春，汉武帝时期对匈奴最大的一次

征讨之战打响。汉武帝命卫青与霍去病各自率领骑兵五万、步兵及后勤部队十万多，兵分两路远征漠北，寻找匈奴主力进行决战。

按照原定计划，卫青负责进攻匈奴左贤王，霍去病从定襄出征，寻找匈奴单于。但有战前俘虏的匈奴士卒供认，匈奴单于伊稚斜在定襄东面。于是，汉军临时调整部署，改由霍去病东出代郡，卫青则由定襄出兵。

卫青离开定襄后，长驱直入，前进了一千多里，却突然遇上了匈奴单于的主力。卫青随即再度调整部署，用武刚车围成营垒，派出五千骑兵迎战，匈奴则以一万骑兵应战。

战幕刚刚拉开，狂风呼啸而至，风沙遮天蔽日。在一片混乱中，卫青下令全军分为左、右两翼向敌军进行包抄，双方发生混战。

匈奴单于眼看要陷入汉军包围圈中，遂率领数百精锐冲出包围圈，向西北逃窜。匈奴军队群龙无首，战意全无，被汉军歼灭一万多人。随后，卫青率部进至窴（tián）颜山赵信城。

不过，就在卫青与匈奴单于决战之际，前将军李广和右将军赵食其的大军却因为迷路贻误战机。直到卫青率部撤回漠南之后，才遇到他们。为了向皇帝说明战事进展，卫青命长史前往李广军营调查迷路原因，李广自尽。右将军赵食其则在全军返回京城后被汉武帝贬为平民。

这场战争历时数月，汉朝所付出的代价十分巨大。战前汉武帝征调的十四万匹战马仅剩下三万余匹，士兵减员竟达数万人。不过，匈奴伤亡更为惨重，死伤七万余众，从此失去了南下入侵的能力，不得不向西北迁徙。汉朝西北局势从此安定。

战后，卫青又因战功被晋升为大司马。

【原著精摘】

今车骑将军青度西河至高阙，获首虏二千三百级，车辎畜产毕收为卤①，已封为列侯，遂西定河南地，按榆谿旧塞，绝②梓领，梁北河，讨蒲泥，破符离，斩轻锐之卒，捕伏听者三千七十一级，执讯获丑，驱马牛羊百有余万，全甲兵而还，益封青三千户。

【注释】

①卤：通"掳"，指缴获的战利品。

②绝：越过。

【译文】

现在车骑将军卫青渡过西河，到达高阙，斩获敌兵二千三百名，还缴获了车辆、辎重和牲畜等战利品，卫青已被封为列侯。他后又西进平定河套以南地区，巡视榆谿旧塞，翻越梓岭，架桥北河，征讨蒲泥，攻破符离，斩杀匈奴精锐士兵和俘虏敌军侦察兵共三千零七十一人。审问俘虏得知敌人的位置并加以进攻，缴获马牛羊一百余万头，全军毫发无损而回。为此，卫青被加封为三千户。

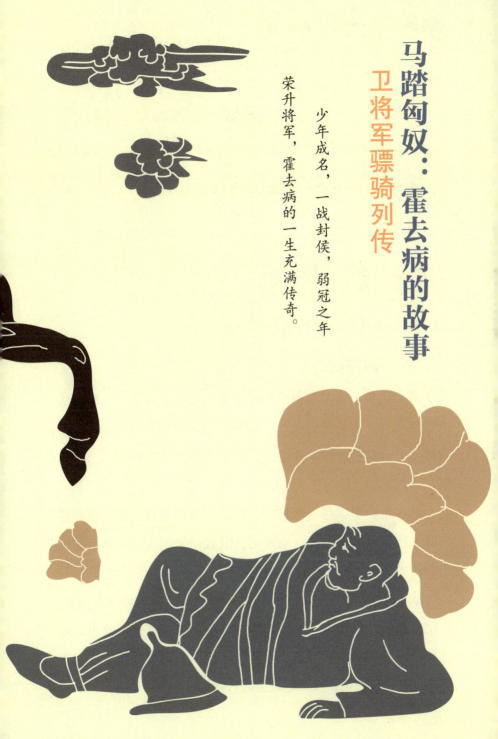

马踏匈奴：霍去病的故事

卫将军骠骑列传

少年成名，一战封侯，弱冠之年荣升将军，霍去病的一生充满传奇。

年少成名：一战封侯震匈奴

带着问题读《史记》

霍去病为何会得到汉武帝的宠信？

🔅 一战封侯

霍去病是大将军卫青的外甥。卫青深受朝廷器重，家族成员也跟着沾光，霍去病青少年时期就受到汉武帝的特别关照。元朔六年（公元前 123 年），霍去病被汉武帝提拔为侍中，这一年他仅仅十八岁。

就在这一年二月，大将军卫青奉命征讨匈奴，霍去病被任命为骠姚校尉，随军出征。出征前，汉武帝又调派了一批勇猛的壮士给他，鼓励他在战场上奋勇杀敌。

战斗打响后，卫青以公孙敖、公孙贺、赵信、苏建等六将为主力，从定襄出发，寻找匈奴主力决战。由于计划暴露，匈奴主力避而不战，卫青无功而返。两个月后，赵信与苏建所部遭受匈奴军队的夹击，伤亡惨重，汉军的攻势陷入停滞。

就在这个关键时刻，年轻的霍去病一扫汉军失利的阴影。他率领八百精锐骑兵勇往直前，将汉军主力抛在数百里之后，单独冲向敌营。这一仗，霍去病大获全胜，消灭敌军两千零二十八名，俘虏包括匈奴相国、当户在内的官员，还生擒了匈奴单于的叔父罗姑比。他一举成名，勇冠三军。

得知霍去病的出色战绩，卫青非常开心，霍去病的战绩被呈报给汉武帝。汉武帝也极为兴奋，不仅颁布诏书予以嘉奖，同时还册封霍去病为冠军侯，封邑一千六百户。

不到二十岁的霍去病一战成名。

画外音：霍去病不到二十岁便受到了汉武帝的重用，不可否认，其中一个重要的原因是他的外戚身份，但他能够成为与卫青齐名的名将，靠的还是他在战场上的卓越表现。

弱冠升任将军

元狩二年（公元前121年）春，年仅二十岁的霍去病再度受到汉武帝的垂青，被任命为骠骑将军，率领一万骑兵由陇西出兵袭击匈奴。

霍去病出兵后，一路长驱直入，沿途经过了五个匈奴的王国，数次放弃夺取匈奴辎重、人口的机会，直扑匈奴单于儿子盘踞的地区。

经过六天的激战，霍去病再度取得胜利，不仅斩杀匈奴的

折兰王和卢胡王，同时还俘虏了浑邪王的儿子和相国、都尉，斩杀敌军八千余人，缴获匈奴休屠王祭天用的金人。

得知霍去病第一次挂帅出征便取得如此佳绩，汉武帝大为高兴，下诏予以嘉奖，增加霍去病食邑两千户。

至此，年仅二十岁的霍去病成了当时名气仅次于舅舅卫青的名将。

◎ 威震祁连山

元狩二年（公元前 121 年）夏，汉武帝决定再度以霍去病为统帅征讨匈奴。根据战前部署，骠骑将军霍去病与合骑侯公孙敖率领数万骑兵从北地郡出发，兵分两路向匈奴发动攻击。

为保证战事的顺利进行，汉武帝又下令由郎中令李广、卫尉张骞率领数万骑兵从右北平出发，吸引匈奴左贤王部，减少霍去病部的侧翼压力。

战事开始后，霍去病率部翻越贺兰山，经居延、小月氏到达祁连山脚下的黑河流域，深入匈奴境内两千多里，直扑匈奴的腹心地带。不过，原本配合霍去病作战的公孙敖部却因为迷路没能与霍去病会合。而从右北平出发的李广大军又被左贤王死死缠住，自身难保。一时间，霍去病突然陷入了孤立无援的危险境地。

在这个关键时刻，霍去病沉着冷静，决定继续向匈奴发起猛攻。经过一番激战，霍去病取得大胜，俘获匈奴王五人、王母五人，单于的阏氏、王子五十九人，相国、将军、当户、都尉等各级官员六十三人，斩杀敌军三万二百人，俘虏二千五百人。

战后，汉武帝对参战人员进行赏罚。合骑侯公孙敖因贻误战机被罢为平民，鹰击司马赵破奴、校尉句王高不识、仆多等人都被封侯。而对于此次战役的最大功臣霍去病，汉武帝更是增加其食邑五千户。

此战过后，霍去病越来越被汉武帝宠信，其地位与舅舅卫青相差无几。

◎ 收复河西

元狩二年（公元前121年）秋，匈奴浑邪王因多次被汉军击败并损失惨重而被匈奴单于怨恨，打算将他斩首示众。浑邪王心生胆怯，与休屠王商议后，想要投降汉朝，派使者到边境与汉朝官吏联系。

当时，在黄河对岸驻扎的将军李息与使者见面后，将消息通报长安的汉武帝。汉武帝担心浑邪王与休屠王是借口投降而对边境郡县发动突然袭击，便派霍去病前去一探究竟。

到了双方约定的受降时间时，霍去病率领大军渡过黄河，与休屠王的军队遥遥相望。此时，休屠王突然反悔不愿投降，浑邪王将其斩杀，但匈奴部众开始出现骚乱，不少士兵纷纷逃走。

在这千钧一发之际，霍去病当机立断，纵马冲入浑邪王军营，斩杀了负隅顽抗的八千匈奴士兵，降服其他匈奴王三十二人，

收降匈奴兵十万余众，并将归顺的浑邪王护送到了京城长安，以最快的速度和最短的时间化解了一场大战。

当霍去病凯旋回到长安，汉武帝颁旨表彰他说："骠骑将军所建立的巨大功绩，使得河西和塞外一带从此再无战患之忧，可以永享太平。"同时，汉武帝再度下诏，加封霍去病食邑一千七百户。

此后不久，汉武帝又命归降的匈奴人分别迁徙至故塞之外的

沿边五郡，允许他们保留自己的风俗习惯，作为汉朝的属国。

【原著精摘】

是岁①也，大将军姊子霍去病年十八，幸，为天子侍中。善骑射，再从大将军，受诏与②壮士，为骠姚校尉，与轻勇骑八百直弃大军数百里赴利③，斩捕首虏过当④。

【注释】

①是岁：这一年。

②与：给予。

③赴利：寻找有利时机歼灭敌军。

④过当：杀敌的数目超过了自身的损失。

【译文】

这一年(公元前123年)，大将军卫青姐姐的儿子霍去病十八岁，受到汉武帝宠爱，成为天子身边的侍中。霍去病善于骑马射箭，两次随从大将军出征，大将军奉皇上之诏令，拨给他一些壮勇的战士，任命他为骠姚校尉。他率领八百名骁勇轻捷的骑兵，远离大军主力几百里，寻找有利时机歼灭敌军，杀敌数量超过了自身的损失。

英年早逝：匈奴未灭不为家

带着问题读《史记》

霍去病都立下了哪些战功？

◎ 马踏匈奴

元狩三年（公元前120年），匈奴不甘心在河西地区的失败，转而袭扰汉朝的右北平和定襄地区。

为彻底消除匈奴的威胁，汉武帝于元狩四年（公元前119年）下决心与匈奴进行决战。同年春天，汉武帝令大将军卫青与骠骑将军霍去病一起统率十万骑兵、四万马队及步兵辎重数十万人进入大漠腹地，寻找匈奴主力。

根据战前部署，霍去病从定襄出击，直扑匈奴单于。但由于战前从俘虏的口中得知单于在东面，卫青与霍去病商议后决定，由霍去病从代郡出兵，卫青从定襄发动进攻。

战斗开始后，霍去病率领五万骑兵及归降的匈奴骑兵，出代郡、右北平一千多里，穿越茫茫沙漠，俘虏匈奴单于心腹大臣章渠，诛杀比车耆（qí）。此后霍去病又转而与匈奴左贤王展开激战，消灭部分匈奴士兵并缴获军旗、战鼓若干。

在随后进行的战斗中，霍去病翻过离侯山，渡过弓闾河，俘虏屯头王、韩王等三人，将军、相国、当户、都尉八十三人，消灭匈奴士兵七万零四百四十三人。经此一役，匈奴左贤王几乎全军覆没。

为纪念此战的重大胜利，霍去病在狼居胥山举行了祭天仪式，又在姑衍山举行了祭地仪式。之后，霍去病率部继续追击匈奴，一直打到翰海方才撤兵。

尽管此役汉军同样伤亡惨重，但却彻底改变了汉朝与匈奴的战争态势。从此，匈奴再也无力入侵汉朝，汉朝的边境安全由此改观。

战后，汉武帝再度增加霍去病食邑五千八百户，并将卫青和霍去病同时加官为大司马。至此，霍去病与卫青不仅职位相当，连俸禄都一样。

霍去病一生共参与过六次征讨匈奴的战争，其中四次是以将军的身份参战。一共消灭敌军十一万多人，不仅招降了匈奴浑邪王等数万人，同时还开拓了河西、酒泉等地。他曾经四次受到加封，食邑共达一万六千一百户。其手下也有六人被封侯，后来担任将军的有两人。

画外音：霍去病在战场上以骁勇善战、足智多谋著称。与舅舅卫青一样，他也成为西汉抵御匈奴入侵战争中的一员名将。

◎ 英年早逝

霍去病战绩卓著，却没有因为年少成名而出现丝毫的轻狂。大胜匈奴后，汉武帝打算替他建造府第，被他婉言拒绝。霍去病留下一句被千古传颂的名言："匈奴未灭，无以家为也！"

只可惜天妒英才，元狩六年（公元前117年），霍去病因病去世，年仅二十四岁。

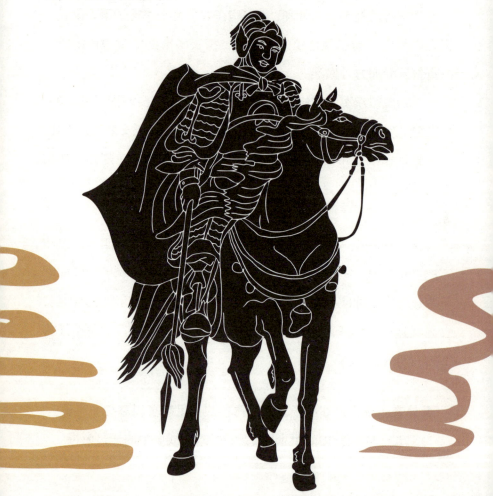

为了纪念这位抗击匈奴的一代名将，汉武帝下令将其葬在茂陵，坟墓的外形修建成祁连山的模样，并调遣边疆五郡的铁甲军从长安列队至茂陵为霍去病送行。

【原著精摘】

骠骑将军为人少言不泄[1]，有气敢任[2]。天子尝欲教之孙、吴兵法，对曰："顾[3]方略何如耳，不至[4]学古兵法。"天子为治第[5]，令骠骑视之，对曰："匈奴未灭，无以家为[6]也。"

【注释】

①少言不泄：沉默寡言。

②有气敢任：有气概和责任，敢做敢当。

③顾：看。

④不至：不必。

⑤治第：建造府第。

⑥无以家为：没有心思考虑自家的事情。

【译文】

骠骑将军为人寡言少语，不泄露别人的话，有气概和责任，敢作敢为。汉武帝曾想教他孙子和吴起的兵法，他回答道："战争只要看胸中有无韬略，不必学习古代兵法。"汉武帝为他修盖府第，让骠骑将军自己去看，他回答道："匈奴还没有消灭，没有心思考虑自家的事情。"

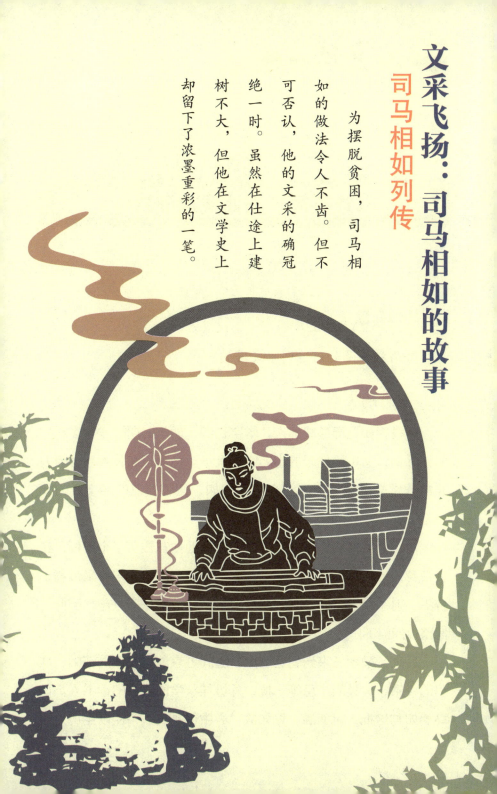

文采飞扬：司马相如的故事

司马相如列传

为摆脱贫困，司马相如的做法令人不齿。但不可否认，他的文采的确冠绝一时。虽然在仕途上建树不大，但他在文学史上却留下了浓墨重彩的一笔。

仕途不顺：一曲琴声赢芳心

带着问题读《史记》

司马相如是如何追到卓文君的？

◎ 官场失意

司马相如是蜀郡成都人，本字长卿，幼年时期就非常喜欢读书和练剑，父母给他起的小名叫作犬子。司马相如长大后，因为非常欣赏战国时代赵国的名士蔺相如，便将自己的名字改为司马相如。

司马相如家境优渥，年满二十之后他便花钱买了个官位，在皇帝身边担任武骑常侍。不过，这个官职只能整天陪着皇帝驾车游猎、射杀猛兽，而当时的皇帝汉景帝对辞赋毫无兴趣。因此，他整日闷闷不乐。

后来，梁孝王来到朝廷觐见，随同进京的有齐郡的邹阳、淮阴的枚乘、吴县的庄忌等一批口才极佳、学问高深的读书人。司马相如与这批人见面后一见如故，心中很是高兴，便以生病为由辞官，跟随梁孝王来到梁国为客。

梁孝王对司马相如非常欣赏，让他与邹阳、枚乘等人朝夕相处，一起生活了好几年。在此期间，司马相如写下了一篇《子虚赋》。

谁知好景不长，梁孝王没过几年因病去世，司马相如只好回到老家成都。不过，此时的司马相如没了官职，失去了生活来源，日子越过越艰难。

穷困中的司马相如忽然想起了与自己关系密切的昔日好友王吉，这位好友现已是临邛（qióng）县的县令。王吉当年曾经对司马相如说过，只要司马相如遇到不顺心的事便可去找他。如今司马相如一贫如洗，心情低落，只好硬着头皮去拜见王吉。

故友前来，王吉十分意外。他为司马相如安排了住处，还不时前去探望，谁知，司马相如却摆起了架子，干脆称病不出，不与王吉见面。大家都在议论纷纷，猜测他一定是一位了不起的大人物。

◎ 用琴声勾引卓文君

临邛县非常兴旺，当地的富户众多，像卓王孙家族便有家童八百人，程郑家族也有几百家童。

有一次，他们想结识那位神秘的司马相如，便举办了一场盛大的酒宴，邀请了一百多位宾客，请王吉带着司马相如前来赴宴。临近中午，王吉应邀赴宴，宾客已经全部就座，只有司马相如称病没来赴宴。

王吉非常尴尬，只好亲自去请。司马相如迫不得已，只好勉强答应。

等司马相如来到宴会上，众人无不被他的风采所吸引。酒宴开始后不久，王吉亲自递给司马相如一把琴，对他说："我听说你精通琴艺，不如弹奏一曲助助酒兴如何？"

司马相如推辞了一番，便随手弹了一两首曲子，不料却引起了卓王孙女儿卓文君的关注，她偷偷躲在门后倾听司马相如的琴声，后来又忍不住探出头来张望。她看到司马相如仪表堂堂、举止雍容，心中顿生爱意。

不过，令卓文君没有想到的是，司马相如所做的一切正是为了引起她的注意。

原来，司马相如来到临邛县不久，就听说卓王孙有个漂亮的女儿叫卓文君，丈夫刚刚去世，正守寡在家。司马相如早就想见见卓文君，却苦于没有机会，便在酒宴开始之际故意称病不出，然后姗姗来迟，吸引众人的注意力，之后又想通过弹琴来引起卓文君的注意。

等到司马相如看到卓文君的样貌后，心中更是高兴。宴会结束后，他悄悄用重金买通了卓文君的侍女，表达自己的爱意。卓文君被深深打动，当晚便毅然逃出家门，来到司马相如的住处，之后一起私奔回到了司马相如的老家成都。

就这样，一对有情人终成眷属。

画外音：为了得到卓文君的青睐，司马相如想了不少办法，最终以一曲《凤求凰》打动了卓文君。

岳父态度的转变

卓文君跟着司马相如回了家，她这才发现原来司马相如一贫如洗，两人的日子过得越来越艰难，这令卓文君非常不快。

终于有一天，卓文君对司马相如说："我们不如回到临邛去，只要到了临邛，我问亲戚朋友借点钱就能维持生活了。"不久后，两人又回到了临邛。

等夫妻二人回到临邛，卓文君果然借了点钱，两人在县城里开了一家小酒馆，卓文君经常站在柜台旁卖酒，司马相如则系着围裙与伙计们一起洗碗。

消息很快便传到了卓文君的父亲卓王孙耳朵里。

当初卓王孙听说女儿与司马相如私奔，大为恼火，扬言从此不再认这个女儿。后来司马相如夫妻俩来到临邛开起酒馆，卓王孙自感耻辱，整天躲在家中不敢出门。

这时，有亲戚、朋友劝卓王孙说："司马相如毕竟是卓文君的丈夫。他虽然贫穷，但的确是个人才，以前仅仅是因为厌倦为官而辞职。况且他与县令王吉还是旧交，您又何必让他们俩受委屈呢？"

这番话终于让卓王孙明白过来。没过几天，他便让这夫妻二人回到家中，分给他们家童百余人、铜钱百万，又给了不少的财物。

之后，司马相如与卓文君风风光光地回到了成都，置办了田地和住宅，从此过上了富裕的生活。

【原著精摘】

　　昆弟诸公①更谓王孙曰："有一男两女，所不足者非财也。今文君已失身于司马长卿，长卿故倦游②，虽贫，其人材足依也。且又令客③，独奈何相辱如此！"卓王孙不得已，分予文君僮百人，钱百万，及其嫁时衣被财物。文君乃与相如归成都，买田宅，为富人。

【注释】

　　①昆弟诸公：同辈及长辈。

　　②倦游：厌倦做官。

　　③令客：县令的贵客。

【译文】

　　同辈和长辈都劝卓王孙说："你有一个儿子、两个女儿，家中不缺少钱财。如今，文君已经成了司马长卿的妻子，长卿厌倦做官，他虽然贫穷，但并非无能。况且他又是县令的贵客，你为什么要让他们遭受如此的委屈？"卓王孙不得已，分给卓文君家奴百人、钱财百万，以及她出嫁时的衣服被褥等财物。于是，卓文君与司马相如回到成都，买了房屋田地，成了富人。

文采飞扬：遗作成就封禅礼

带着问题读《史记》

司马相如的文章是如何影响汉武帝的？

受到汉武帝的赏识

司马相如有个同乡，名叫杨得意，是朝廷的一名小吏，专门负责为汉武帝养狗。

有一次，汉武帝读了司马相如写的《子虚赋》，赞不绝口，说古人写的作品果然不同凡响，只恨自己未能与作者生在同一时代。当时，杨如意就在皇帝身边，听到汉武帝的话，他忍不住说了一句："这篇文章好像不是古人所作，是我的同乡司马相如写的。"

汉武帝很吃惊，便命人找来了司马相如。

司马相如见到汉武帝，说："这篇文章的确是我写的。不过此文仅仅写了诸侯游猎，场面描述并不好。我正打算写一篇天子游猎的赋，写完后再进献给皇上。"汉武帝听完非常高兴。

过了几天，司马相如果然将文章写好并献给了汉武帝。在这篇

《上林赋》中，司马相如分别虚构了"子虚"、"乌有先生"和"无是公"三个人物，用彼此之间的对话描述了天子和诸侯的游猎活动，并在赋的最后婉转地劝说皇帝要节俭，杜绝铺张浪费。

汉武帝看完大喜，任命司马相如为郎官。司马相如终于又做了汉朝的官吏。

> **画外音**：与汉景帝不同，汉武帝对辞赋很有兴趣，司马相如才有机会受到赏识并得到重用。

◎ 奉命出使西南

建元六年（公元前135年），中郎将唐蒙奉命开发西南地区的夜狼和僰（bó）中地区，他征调了巴、蜀两郡的吏民达千余人。后来，两郡又派出了负责水路运输补给人员一万多名。其中部分人不听调遣，唐蒙一怒之下把他们杀了，结果引起百姓恐慌。

汉武帝得知此事，派担任郎官的司马相如前往当地问责唐蒙，安抚百姓。

司马相如抵达后，张贴布告，说明唐蒙之举并非朝廷本意，很快稳定了当地局势，开发进度也明显加快。随着道路的开通，汉朝与西南地区的来往越来越密切，西南地区部分少数民族也因此得到了朝廷的大量赏赐。

毗邻的邛、笮（zuó）两地的部落酋长们上表汉武帝，要求成为汉朝的属国，并请求设置各级官吏，享受与西南其他少数民族同等的待遇。

为此，汉武帝征求司马相如的意见。司马相如说："这些地区距离蜀郡很近，秦朝时就曾设有郡县，到了汉朝建国时才被取消。现在若能再度设立郡县，对汉朝而言有百利而无一害。"

汉武帝认为司马相如言之有理，便任命他为中郎将，派他手持旌（jīng）节出使西南夷（旧时对云贵及四川西南部广大地区少数民族的总称）。

司马相如率领队伍经过巴郡前往西南夷的途中，经过家乡蜀郡。蜀郡太守亲自迎接，县令背着弓箭在前面开道，当地人都以有司马相如这个同乡而感到自豪。

当卓王孙得知女婿深受皇帝重用并出使西南夷时，感慨自豪，亲自带领临邛的族人来到成都迎接司马相如，又将部分家产分给了女儿卓文君。

司马相如来到西南夷地区后，邛、筰、冉、駹（máng）、斯榆等地的部落酋长们纷纷要求臣服汉朝。不久之后，汉朝又打通了零关道，建桥用以连接邛都，各民族之间的关系越来越融洽。

当司马相如完成使命回到京城，汉武帝很满意。

◎ 一篇遗作改变汉武帝的决定

元狩五年（公元前118年），司马相如因病免官，居住在茂陵。汉武帝听说司马相如病重，说："他病得非常严重，应该派人去把他的著作都拿回来，免得日后散失了。"于是，所忠奉命赶到

了茂陵司马相如家中，而此时，司马相如却病逝了。

所忠在司马相如家中找了半天，始终没有找到司马相如的著作，便问其妻卓文君。卓文君回答："以前只要是他写的著作，刚写完就被别人取走，因此家中并没有留下。不过，他病逝前写了一卷。他曾说过，日后如果有使者前来，便将其献给皇帝。除此之外，家中再无其他著作。"

所忠随后将司马相如这篇遗作交给汉武帝。汉武帝看罢非常惊奇，因为司马相如在该文中主要谈了自己对封禅的看法和观点，这也改变了汉武帝原本坚持不封禅的心意。此后便有了汉武帝泰山封禅的故事。

【原著精摘】

蜀人杨得意为狗监，侍上①。上读《子虚赋》而善②之，曰："朕独不得与此人同时哉！"得意曰："臣邑人司马相如自言为此赋。"上惊，乃召问相如。

【注释】

①侍上：侍奉皇上。上，指汉武帝刘彻。

②善：赞美，称赞。

【译文】

蜀郡人杨得意担任狗监，侍奉汉武帝。汉武帝读《子虚赋》后大为欣赏，说："很遗憾，我不能与这个作者同时代。"杨得意回答："我有个同乡名叫司马相如，他曾经说过这篇赋是他写的。"
汉武帝大吃一惊，召来司马相如询问。

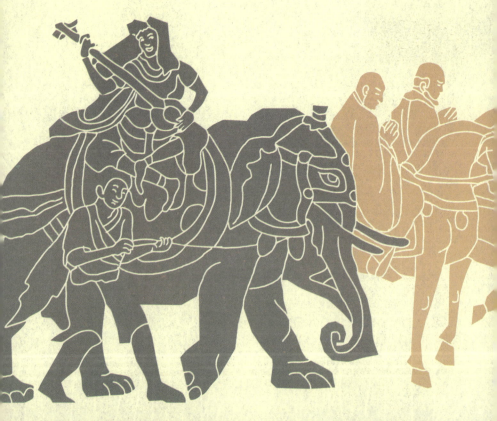

凿空西域：张骞的故事

大宛列传

一位伟大的外交家，架起了古代中国与西域各国沟通的桥梁，开启了『丝绸之路』，促进了东西方文明的交流。这位在中国历史上居功至伟的人物，名叫张骞。

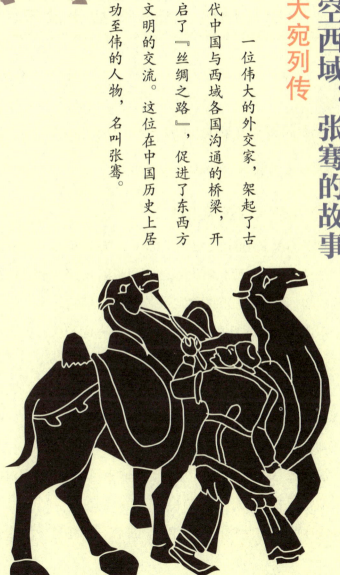

历经艰险：被扣匈奴十余年

带着问题读《史记》

张骞为何被匈奴扣押十余年？

⊛ 出使大月氏被扣押

就在西汉王朝创建、发展的同时，北方的匈奴部族也日益强盛，不但控制了东北、西北和北部的大片地区，还不断侵占西汉领土，抢掠财物，给西汉王朝的稳定带来了巨大威胁。

汉武帝刘彻对此异常震怒，他下令一面积极与匈奴作战，一面寻找其他力量联合对抗匈奴。

不久后，汉武帝从被俘的匈奴人口中得到消息，说是当年匈奴人打败了月氏王，将他的头盖骨做成了喝酒的器皿，月氏被匈奴占领，月氏人只好到处流亡，他们对匈奴满怀仇恨。

汉武帝心中大喜，决定派使者去联系月氏人，共同对抗匈奴。他又发布诏书，公开征召前往月氏的使者。

汉中人张骞此时正在朝中担任郎官，得知这一消息后报名应征，最终被任命为使者，以匈奴奴隶甘父为向导，带着一百多人离开长安前往大月氏。

要去大月氏，就必须经过匈奴的领地。张骞刚进入这一地区，便被匈奴抓获，拘禁在茫茫大草原中，这一扣便是十几年。在此期间，张骞被迫娶了当地人为妻子，生下儿女。他既无法前往大月氏，也不能回到祖国，心情悲愤。即便如此，张骞却始终保存着出发时汉武帝赐予的符节，从未将它遗弃。

画外音：张骞被匈奴扣押，主要原因是当时匈奴与汉朝属于敌对状态。匈奴唯恐汉朝与西域各国通使，威胁到自己的利益。

🌑 归国途中又被扣押

被扣押十余年后，张骞趁着看守松懈之机，终于带着手下甘父等人逃出了匈奴的魔掌，继续向大月氏前进。

经过几十天的艰难跋涉，张骞一行人终于来到了陌生的大宛国。大宛国的国王虽然从未与汉朝有过正式接触，但却早就听说汉朝非常富裕，一心想着与汉朝通使。现在有汉使前来，非常高兴，便亲自召见了张骞。

大宛国王问："你打算到哪里去？"

张骞回答："我是汉朝派往大月氏的使者，中途被匈奴扣押。如今逃了出来，希望大王能派人协助我们去大月氏。如果能完成任务，将来我回朝后，我国皇帝一定会赠送您无数的财宝以表感谢。"

张骞的回答令大宛国王非常满意。他派了向导和翻译随同张骞出发,一起来到了康居国。康居国又派人将张骞送到了大月氏。

可张骞来到大月氏才发现,大月氏王已被匈奴人所杀,大月氏人立其子为王,已征服并占领了大夏国,并在当地定居下来。如今他们的生活较为富裕,早已没了向匈奴复仇的念头。

张骞在大月氏逗留了一年多,反复劝说国王与汉朝联合进攻匈奴,但大月氏王以各种理由推托,最终双方不欢而散,张骞只能离开,动身回国。

为了避免遭遇匈奴人,张骞特意改变了归国路线,他从南山出发,想从羌人生活的地区取道,不料该地区也被匈奴人占领。张骞的队伍没走多久,又被匈奴抓获。

就这样,张骞又一次被匈奴扣押,又被拘禁了一年之久。

一年后,匈奴发生内乱。张骞趁机带着他的匈奴妻子和甘父一起逃出匈奴,终于回到了离别十三年的汉朝。

在这十三年中,张骞途经大宛、大月氏、大夏、康居这几个国家,并对周边的五六个邻国也有了一定的了解。回国后,他将这些情况向汉武帝做了详细汇报。汉武帝非常感慨,任命张骞为太中大夫,甘父也被封为奉使君。张骞归国的这一年,是汉武帝元朔三年(公元前126年)。

画外音:张骞能两次逃出匈奴,都是利用了匈奴人看守的疏忽,这也体现了张骞的足智多谋。

从侯爵变成平民

元朔六年（公元前123年），汉武帝下令大将军卫青率军出征匈奴。因为张骞对匈奴的情况最为了解，因此他也被招至军中参战。

大军出发后，张骞根据自己之前了解的情况，多次指出了行军路线中有水草的地方，因此汉军在交战期间饮水和补给没有受到丝毫影响。战争结束后，汉武帝加封张骞为博望侯。到了第二年，张骞被晋升为卫尉，与前将军李广一起率军出征讨伐匈奴。战事开始后，李广的军队被匈奴左贤王团团包围，损失惨重。张骞部因未能及时赶到战场，被朝廷治罪，按律当斩。张骞用钱赎罪，被贬为平民。

也就在这一年，骠骑将军霍去病率军远征匈奴，俘虏屯头王、韩王等三人，将军、相国、当户、都尉八十三人，消灭匈奴士兵七万零四百四十三人。匈奴受到致命打击，从此再也无力单独侵犯汉朝，便打起了拉拢西域各国与汉朝对抗的算盘。

【原著精摘】

经匈奴，匈奴得之，传诣单于①。单于留之，曰："月氏在吾北，汉何以得往使？吾欲使越，汉肯听我乎？"留骞十余岁，与妻，有子，然骞持汉节②不失。

【注释】

①传诣单于：被押送去见单于。

②节：皇帝赐予的符节。

【译文】

张骞等人经过匈奴时，被匈奴抓获，被押送去见单于。单于扣留张骞，并对张骞说："月氏在我匈奴的北部，汉朝怎么能没有经过我的同意私自派遣使者呢？如果我想派使者私自去汉朝南面的越国，难道汉朝也会同意吗？"于是扣留张骞十余年，给他娶了妻，生了孩子，但是张骞一直保存着汉朝使者的符节，始终没有丢失。

再度出使：遍访西域促交流

带着问题读《史记》

张骞出使西域的意义何在？

◉ 再度出使西域

征讨匈奴的战事取得决定性胜利后，汉武帝再度萌发与西域各国通使的念头，便召见张骞了解各国情况。

张骞对汉武帝说："臣被扣押在匈奴期间，听说乌孙国的国王名叫昆莫，昆莫的父亲原本是匈奴西边一个小国的国君。当年匈奴攻打乌孙期间，将昆莫的父亲杀死，年少的昆莫被遗弃在旷野之中。鸟叼着肉放在昆莫身上，狼喂奶给他喝。匈奴单于听说此事后，非常奇怪，认为昆莫是神灵降生，便收养了他。昆莫长大后，单于让他带兵打仗，并将其父的旧部交给他管理。"

张骞一边讲述，一边看着汉武帝的脸色。看到汉武帝听得聚精会神，他便一直讲下去。

他又说："后来昆莫的实力越来越强，加上单于病逝，昆莫

便再也不把匈奴放在眼里。起初匈奴非常恼火，派兵进攻，但无法取胜，后来匈奴改变策略，以牵制为主。如今只要我们以重金笼络昆莫的乌孙国，将其变成汉朝的友邦，不仅能进一步削弱匈奴的力量，还能使大夏等国成为汉朝的属国。"

汉武帝对张骞的提议大为高兴，加封他为中郎将，组建了三百人的外交使团，每人两匹马，带着牛羊数万头，价值几千万的金币丝绸，第二次出使西域。汉武帝还特别叮嘱张骞，如果进展顺利，除了乌孙之外还可以再去其他国家。

◎ 凿空西域

元狩四年（公元前119年），张骞来到乌孙国，受到国王昆莫的隆重接待。

张骞对昆莫表示："如果乌孙能够向东迁徙至浑邪国的故地，汉朝将选派一位诸侯王的女儿做你的夫人。"

不过，此时昆莫年事已高，乌孙与汉朝又距离遥远，也不知道汉朝的强盛程度。长年来昆莫臣服于匈奴，大部分大臣对于匈奴的强悍非常忌惮，不愿意按照张骞的建议迁徙，就连昆莫也无法说服群臣。

除了朝臣的反对，乌孙国国内的形势也非常混乱。昆莫的儿子多达十余人，长子早死，其子名叫岑娶。长子临死前曾对昆莫请求立岑娶为太子，昆莫当即表态答应。

长子死后，昆莫依照承诺，立孙子岑娶为太子，但引起二儿子大禄的强烈不满。大禄不仅骁勇善战，还掌握着一万多骑兵。

听到父亲立侄子为太子的消息后，大禄因为自己未能被立为太子
而责怪父亲，便联合其他兄弟起兵谋反，并向昆莫和岑娶发起进攻。

昆莫担心孙子岑娶被害，便交给他一万骑兵，驻扎在别处，
自己则率领一万骑兵在身边护卫。如此一来，乌孙国一分为三，
名义上都属昆莫，而实际上却无法对乌孙国进行有效掌控。因此，
张骞多次与昆莫会谈，始终没有得到一个满意的答复。

眼见与乌孙国的会谈进展缓慢，张骞派出副使分别出使到大宛、
康居、大月氏、大夏、安息、身毒、于阗（tián）等国，与西域各
国联系。后来，乌孙国派出翻译和向导护送张骞回国，数十名使者
也跟随张骞一起来到汉朝，称想趁此机会亲眼见识一下汉朝的强大。

乌孙使者来到汉朝，发现汉朝不仅人口众多、物产丰富，国力也十分强盛，使者回到乌孙国后将这些情况如实地汇报给了国王。从此，乌孙与汉朝的关系越发密切。

与此同时，张骞派出的副使们也陆续带着各国的使者来到汉朝。从此，西域各国与汉朝的来往逐渐加深并愈发频繁。

不过，就在张骞出使乌孙国五年后，便因病去世。由于他在西域各国的巨大影响力，此后出使诸国的汉朝使者都自称是博望侯，各国也因为佩服张骞而对来访的汉朝使者非常信任。

画外音：张骞出使西域的意义，并不仅限于抗击匈奴，更重要的是他打开了华夏与中亚、西亚等各国交往的大门，促进了东西方文化、经济的交流和发展。

【原著精摘】

自博望侯骞死后，匈奴闻汉通乌孙，怒，欲击之。及汉使乌孙，若出其南，抵大宛、大月氏相属，乌孙乃恐，使使献马，愿得尚汉女翁主①为昆弟。天子问群臣议计，皆曰："必先纳聘②，然后乃遣女。"

初，天子发书③，《易》云"神马当从西北来"。得乌孙马好，名曰"天马"。及得大宛汗血马，益壮，更名乌孙马曰"西极"，名大宛马曰"天马"云。而汉始筑令居以西④，初置酒泉郡以通西北国。

【注释】

①翁主：西汉刘姓诸侯王之女称翁主。

②纳聘：献上聘礼。

③发书：打开占卜用的书。

④筑令居以西：在令居以西筑城防守。

【译文】

自从博望侯张骞死后，匈奴听说汉朝和乌孙有往来，大为恼怒，想攻打乌孙。等到汉朝出使乌孙，且经过乌孙的南边抵达大宛、大月氏，使者接连不断，乌孙感到恐惧，派使者向汉朝献良马，希望能迎娶汉朝翁主为妻，与汉朝结为兄弟之国。天子咨询群臣意见，群臣都说："一定要让他们先送聘礼，然后再选送翁主。"

最初，天子翻开《易经》占卜，卜辞上说："神马应当从西北而来。"得到乌孙的良马后，天子将其命名为"天马"。后来又得到了大宛的汗血马，比乌孙国的马更为壮悍，就改称乌孙的马为"西极马"，而将大宛马称为"天马"。汉朝从此时开始修筑令居以西的长城，初设酒泉郡，以便沟通西北各国。

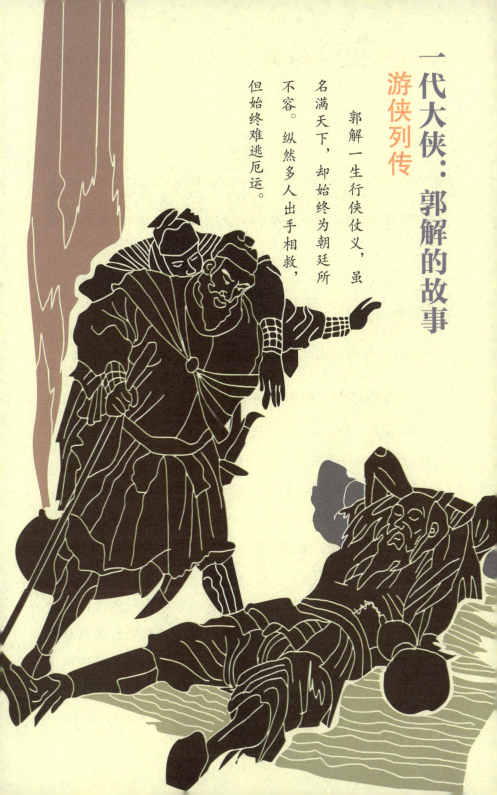

一代大侠：郭解的故事

游侠列传

郭解一生行侠仗义，虽名满天下，却始终为朝廷所不容。纵然多人出手相救，但始终难逃厄运。

扶危救困：郭解大名满天下

带着问题读《史记》

郭解为何被众人仰慕？郭解是如何化解矛盾的？

⊙ 洗心革面，重新做人

郭解是轵（zhǐ）县人，他的父亲曾经是一位大侠，不过后来因为犯罪被汉文帝所杀。

受父亲的影响，郭解年轻时期也以游侠著称。他身材矮小，为人精明强干，生性残忍狠毒。只要遇到不平之事便出手杀人，死在他手下的人很多。他还经常违法抢劫、私铸钱币、盗坟掘墓，可谓无恶不作、劣迹斑斑。

郭解非常讲义气，替人报仇从来不顾及自己的性命，他还藏匿了不少犯下重罪的亡命之徒，因此在周边地区享有盛名。郭解的运气也不错，每逢紧要关头，他总能化险为夷、安然脱险。即便有时被官府捉拿判刑，郭解也总是能遇上朝廷大赦这样的好事。

不过，郭解长大成人后，突然大彻大悟，对自己当年的所作所为非常悔恨，从此洗心革面，痛改前非。从那以后，他的言谈举止完全变了个样，常以德报怨——不仅经常帮助别人，而且从不夸耀自己的功劳，也不要求对方的回报。没过几年，郭解便成了当地的正面典型，年轻人都对他非常仰慕。

◎ 明辨是非，不袒护亲人

郭解的外甥仗着舅舅的名气，不时做出一些荒唐事儿。有一次，他与人喝酒，要求对方一饮而尽，但对方酒量小，出言拒绝。他却趁着酒兴，想强行给对方灌酒。对方大怒，拔刀将他杀死后逃跑。

儿子被杀，郭解的姐姐非常悲愤，便让郭解抓住凶手报仇，可几天后凶手仍未抓住。姐姐大怒，认为郭解在有意拖延。于是便将儿子的遗体放在大路旁，想让郭解难堪。

姐姐当众说："都说我弟弟非常讲义气、有本事，可别人杀了我的儿子，他到现在也没能抓住凶手。"

郭解派人打听到了凶手的下落，凶手没办法，只好来向郭解认罪。对方告诉他事情的经过，郭解当即表示："你杀他合情合理，这一切都是我外甥自找的。"于是便放走了对方，自行埋葬了外甥。

此事传开后，大家纷纷夸赞郭解好义气，能明辨是非。从此，跟随他的人越来越多。

画外音：汉朝崇尚游侠，游侠讲究义气、奋不顾身，但大都肆意妄为、滥杀无度。郭解之所以能得到众人的敬仰，除了当游侠时期的巨大名气之外，其洗心革面、痛改前非的行为也有别于其他游侠，因此才会受到众人的尊重。

◎ 以德报怨

郭解名气很大，不少人都非常惧怕他，在路上遇上郭解纷纷给他让路以示尊敬。不过，当时还是有这么一个愣头青，路遇郭解时既不躲不避也不打招呼，总是用傲慢的眼神盯着郭解。

郭解对此感到疑惑，便让人去了解此人的名字。郭解的门客对此非常气愤，想要将其杀死，为郭解解气。郭解却说："我在此居住，却得不到别人的尊重，这说明我的德行不够，不能怪别人，更不能杀了他。"

后来，郭解暗暗告诉当地的县尉说："这个人我特别关心，轮到他服徭役时，请看在我的面子上免了他的差事。"

县尉非常敬重郭解，一口答应。因此，每当轮到这个人服徭役时，官吏们却故意不找他，让他免于徭役。久而久之，这个人感到非常奇怪，便向官吏追问缘故。得知是郭解说情后，这个人非常感动，光着上身去找郭解谢罪。

◎ 做好事不求回报

洛阳城中有一对仇家，结怨已久，不少亲朋好友、江湖豪侠纷纷出面，想要化解矛盾，却始终未能如愿。于是，有人找到郭解，希望由他出面来解决难题。

一天晚上，郭解分别来到这两人家中，耐心劝解。这两家人出于对郭解的尊重，终于答应和解。但临走前，郭解却告诉他们："我听说洛阳城中已经有不少人为了你们的事情出面调停，但你们都没有听从。现在你们听从了我这个外乡人的劝告，如果这事情传出去，洛阳豪杰们的脸上就无光了。请你们不要立即和解，等到下一次洛阳城中再有人为你们调解时，你们再答应。"

说完，郭解悄然而去。两家人也按照郭解的嘱咐，既化解了多年的怨恨，同时给足了洛阳豪杰们的面子。

郭解在轵县数十年间声名远播，远近的人们都非常尊敬他，都以为郭解效力为荣。

本地和附近郡县的少年及豪杰们也经常前往他家中探望，还经常将一些躲藏在郭解家里的逃犯接到自己家中照顾。

画外音：郭解既化解了两家的矛盾，又顾及了洛阳豪杰的面子。这件事情让他的名气越来越大。这也体现出郭解扶危救困、不求回报的思想境界。

【原著精摘】

郭解，轵人也，字翁伯，善相人者①许负外孙也。解父以任侠，孝文②时诛死。解为人短小精悍，不饮酒。少时阴贼③，慨不快意④，身所杀甚众。

【注释】

①善相人者：相士。

②孝文：汉孝文帝。

③阴贼：阴沉，残忍。

④慨不快意：稍有不快。

【译文】

郭解是轵县人，字翁伯，是当时著名相士许负的外孙。郭解的父亲因为行侠，被汉文帝处死。郭解身材矮小，精明强悍，不饮酒。郭解年轻时残忍狠毒，稍不如意就动手杀人，被他亲手杀死的人很多。

亡命天涯：朝野相助终无用

带着问题读《史记》

郭解为何最终难逃被杀的厄运？

◎ 卫青出面求情也没用

郭解生活的轵县是重要的商业都会和经济中心，富户很多。元朔二年（公元前127年）汉武帝颁布诏书，将全国的富户迁往茂陵居住，迁徙标准是家产达到三百万钱以上。轵县达到这一数字的人数量很多。

不过，郭解的家产却远远没有达到这个标准，但他却意外地被列入了迁徙名单，原因是当地人杨季主的儿子在轵县担任县吏，他担心郭解的名气太大，如果不将他迁徙会被上司怪罪。于是，他便私自将郭解列入了名单。

郭解即将被迁徙到茂陵的消息很快惊动了大将军卫青。对这位名冠一时的大侠，卫青有一定的了解，也知道他的家产远远

没有达到迁徙的标准。于是，他在汉武帝面前替郭解求情说："郭解家里穷，不符合迁徙的标准。"

不料，汉武帝听完卫青的话，不但没有取消郭解的迁徙，反而对卫青说："一个普通百姓居然让堂堂的大将军为他求情，这样看来，他家里肯定不穷。"

就这样，郭解最终不得不离开轵县前往茂陵。

听说郭解即将离开轵县，很多人自发为他饯行，赠送给郭解的钱加起来竟然超过了一千万。

不过，当这些人听说是杨季主的儿子举报的，心中非常气愤。郭解的侄子因此将杨县吏杀死。从此，杨家与郭家成了仇敌。

◉ 籍少公自杀保护郭解

郭解离开轵县，向茂陵进发。

听说一代大侠郭解入关，关中豪杰纷纷在沿途迎接，都以与郭解做朋友而感到无上光荣。郭解此行是步行，并无车马相随，加上关中豪杰的热情款待，故此走了很长时间都未能到达茂陵。

就在郭解前往茂陵途中，有些郭解的崇拜者又将杨季主杀了。杨季主的家人随即上书朝廷，却又被人杀死在京城长安皇宫牌楼下。这个事情越闹越大，最后连汉武帝都知道了。汉武帝随即下诏，捉拿郭解。

　　听说朝廷下令抓捕自己，郭解将母亲安置在夏阳县，自己孤身一人逃亡，不久便来到了临晋，并找到了当地一位名叫籍少公的游侠，希望他能协助自己逃出临晋。

籍少公原本与郭解素昧平生。不过，当郭解找上门后，籍少公爽快地答应了郭解的请求，并协助他逃到了太原。不久后，朝廷的官吏逼问籍少公郭解的去向。籍少公一言不发，选择了自杀以保护郭解。

郭解在逃亡途中，所到之处只要找人协助，他都一五一十告诉对方自己的身份。不过，即便如此，也没有一个人向官府告发郭解。因此，官府很快便失去了郭解的踪迹。

◎ 一代大侠终遭杀戮

多年后，郭解还是被官府抓获。但官府经过调查后却发现，郭解的罪行，都是在他年轻时期犯下的，且都发生在大赦前。按照律法，这些罪行应该不予追究。因此很多人都在为郭解求情，称赞郭解是个好人。

不过，有一位当地的儒生却说了这样一句话："郭解专门作奸犯科，怎么能称得上好人呢？"

这句话引发了众怒。没过几天，有个郭解的门客便将此人杀死，并割下了他的舌头。

审讯的官吏因此审讯郭解，但郭解的确不知道此事，也不知道杀人的门客究竟是谁。因此，杀人凶手的身份成了一个谜，审讯的官吏也上奏说郭解无罪。

就在此时，担任御史大夫的公孙弘说了这样一段话："郭解只是个普通百姓，却任侠弄权，因此他的门客才敢因为一点小事就出手伤人。虽然郭解本人不知道凶手是谁，但罪行比亲自杀人性质更加恶劣，应该判他大逆不道之罪。"

　　最终，郭解被满门抄斩。

画外音：尽管郭解名满天下，甚至得到包括大将军卫青在内的朝廷大臣的求情，但汉武帝始终认为像郭解这样的游侠只知行侠仗义，完全不受朝廷法律的约束，难以管制。因此，郭解才难逃厄运。

【原著精摘】

　　状貌不及中人①，言语不足采②者。然天下无贤与不肖，知与不知，皆慕其声，言侠者皆引以为名。

【注释】

　　①中人：普通人。

　　②不足采：不可取。

【译文】

　　（郭解的）样貌身材连普通人也比不上，言语也没有什么可取之处。但是无论是聪明人还是笨人，认识的还是不认识的，都非常仰慕他的名声，只要谈论游侠必定把他作为榜样。